# A CASA NO BOSQUE

SUSANA MORAIS

STORYGLOT

Publicado por Storyglot.

ISBN: 978-989-53265-2-5

História: Susana Morais

Narração: Susana Morais, Tiago Rodrigues

Edição de áudio: Tiago Rodrigues

Glossário: Susana Morais, Ruben Gomes

Ilustração da capa: grandfailure



Contacto: info@storyglot.com

# ÍNDICE

# COMO USAR ESTE LIVRO

Bem-vind@ ao mundo das histórias em português! Aprender português a ler histórias é a melhor maneira de consolidares o teu conhecimento e de aumentares o teu vocabulário.

Esta história é aconselhada para estudantes de português europeu de nível B2.

Este livro permite-te:

- melhorar a tua compreensão da escrita e do oral
- consolidar os tópicos gramaticais
- aumentar o teu vocabulário

Este livro está dividido nas seguintes partes:

- história em português
- repetição da história em português; cada secção inclui um resumo simplificado da ação e um glossário de vocabulário selecionado
- exercícios de compreensão

- áudio da história; o link para o download do ficheiro de áudio encontra-se no fim do livro

## Como trabalhar com este livro

Para otimizares a tua aprendizagem ao usares este livro, eu recomendo seguires os seguintes passos:

1. Lê a história em português sem ajuda. É importante leres a história uma primeira vez sem a pressão de tentar descodificar o significado de cada palavra. Diverte-te!
2. Lê a segunda parte do livro que inclui o resumo e o glossário em cada secção. Aqui podes dedicar tempo a analisar o vocabulário e a gramática utilizados.
3. Volta a ler a história em português sem ajuda.
4. Resolve o exercícios finais de compreensão.

Como complementar o livro com o áudio:

1. Ouve o áudio da história sem ajuda.
2. Ouve o áudio da história e lê o texto simultaneamente.
3. Volta a ouvir o áudio da história sem ajuda.

## Ideias para exercícios adicionais

- Faz um ditado (ouve o áudio e escreve o que ouves). Compara o que escreveste com o original e faz a correção.
- Escreve um sumário da história.
- Escreve a continuação da história. O que é que aconteceu a seguir?
- Escreve um fim alternativo para a história.
- Prepara uma apresentação oral sobre a história. Imagina que vais contar a história a um amigo.
- Volta a escrever a história no presente ou muda o ponto de

vista para a primeira pessoa singular (eu), para a segunda pessoa singular (tu), para a primeira pessoa plural (nós), etc.
- Faz uma lista do vocabulário novo que aprendeste e escreve frases novas.

Diverte-te!

1

# HISTÓRIA EM PORTUGUÊS

## 1.

*áudio* 00:07

A mansão ficava depois de uma curva apertada antes das escarpas. Alguém distraído podia ter de dar uma guinada de última hora para não se lançar sobre as rochas lambidas pelo mar. Se se conseguisse retomar o caminho de terra batida a tempo, podia-se acalmar os ânimos no bosque de pinheiros mansos. Estavam curvados pelos anos do vento agreste que varria o penhasco.

Escondida lá bem no meio do bosque, numa clareira aninhada entre os pinheiros, erguia-se, com esforço, a mansão do Sr. Silvano. Deixava apenas espreitar os telhados inclinados além das copas das árvores. Já tinha visto melhores dias, com as portadas das janelas a perder a força da juventude, a penderem em direção ao solo.

Silvas trepavam à volta das janelas no rés-do-chão. Quem estendesse uma mão do interior da casa podia apanhar as suas amoras gordas. Tingiam os dedos de roxo como o sangue de uma alma penada.

## 2.

*áudio 01:28*

Um carro descapotável travou a fundo em frente à mansão, cravando duas feridas profundas na gravilha.

— Tens a certeza que é aqui? — perguntou a mulher de cabelos negros no banco do pendura. Olhou para trás, para o túnel de pinheiros que marcava a única saída. Esfregou as mãos acalmando os dedos irrequietos. Depois prendeu um fio de cabelo invisível atrás da orelha.

— Tem calma, Josefina. E se não for aqui? Qual é o problema? É só voltar para trás. Relaxa. — disse o condutor do carro desportivo. Estava com um sorriso que só lhe apanhava metade da cara. Depois, pôs-lhe a mão sobre a sua.

— Para ti é sempre tudo muito simples, Carlos. — disse-lhe ela com um olhar lateral.

O homem desligou o carro e os dois ficaram por breves momentos a registar os uivos do vento que deslizava por entre as árvores.

— Onde é que está a tua aliança? — perguntou ela sem olhar para ele. Carlos fitou as mãos como se não fossem suas e as visse pela primeira vez.

— Devo tê-la deixado na bancada do lavatório. A última coisa que queria era perdê-la pelo ralo a lavar as mãos.

Josefina suspirou e olhou para Carlos. Ele estava agora com a sua expressão favorita de criança inocente. Ainda ontem, Josefina tinha encontrado uma nota perfumada com letra de mulher a empestar uma das melhores camisas do marido. A mesma que ele trazia vestida naquele momento. Ponderou pedir-lhe o divórcio, mas, em vez disso, optou por visitar uma casa à venda. Quem sabe conseguia reforçar a união com um empréstimo ao banco.

Josefina saiu do carro fazendo saltar um corvo assustado da copa de uma árvore.

## 2.1

*áudio 03:25*

— Afinal é mesmo aqui. — disse ela a apontar na direção da casa. Numa placa com os cantos carcomidos pelo ar marítimo, lia-se:

*CASA À VENDA*

*Visite-nos hoje.*

*Áurea da Luz – A agente imobiliária nº 1.*

Carlos não lhe respondeu, ficando para trás. Josefina apertou o casaco e subiu os degraus tortos que levavam à entrada. A madeira da porta cedeu com um empurrão suave e atrás dela emergiu um sorriso luminoso.

— Bom dia! Os senhores vêm visitar a casa? — perguntou uma mulher loura numa camisa de cetim branca e calças a condizer. O batom perfeitamente delineado nos lábios emoldurava dentes de marfim como uma linha de terra ao longo de um glaciar. Josefina ficou momentaneamente de queixo caído. Olhou para trás à procura de Carlos. Ele estava de pé com os braços pendurados ao lado do corpo a olhar para a entrada da casa. Na cara tinha a expressão de alguém que tinha acabado de ver um fantasma. Carlos e a mulher de branco olharam-se num misto de surpresa e medo. Tal como Josefina esperava.

— Uh. Sim. — gaguejou Josefina a retribuir o olhar da mulher. Contorceu a alça da mala com os dedos esguios e fez um sorriso forçado.

— E não se vão arrepender. O meu nome é Áurea, Áurea da Luz. — disse a mulher luminosa a puxar Josefina para dentro com uma mão insistente no cotovelo. Depois, com um coice do calcanhar, fechou a porta na cara de Carlos.

## 3.

*áudio 05:27*

Quitéria dobrou os braços sobre o seu peito generoso e recostou-se na cadeira que lhe estava a deixar o rabo quadrado. A agente imobiliária tinha saído da pequena sala escura para receber outros possíveis compradores e tinha-os deixado desconfortavelmente sozinhos. À sua frente, um rapaz, que não devia ter mais do que vinte e poucos anos, olhava para os bibelots poeirentos em cima de uma estante inclinada. Ele aproximou o nariz de uma pequena estatueta de porcelana que parecia um pequeno monstro verde.

— É um duende. — disse Quitéria a esclarecer a dúvida que pairava sobre a cabeça cabeluda do rapaz. Ele virou-se bruscamente, quase deitando ao chão a estatueta que ficou a balouçar periclitantemente.

Se este miúdo de cabelo despenteado e unhas marcadas a negro de terra tinha dinheiro para comprar esta mansão, então ela não percebia nada de pessoas, pensou Quitéria.

— Está a ponderar começar família aqui? — perguntou ela.

— Uh. — grunhiu ele. — Sim, era uma boa.

Perdendo o interesse no rapaz de poucas palavras, Quitéria voltou a sua atenção para o velho afundado numa poltrona no canto da sala. Parecia adormecido com a cabeça caída para a frente. A bengala, onde se tinha apoiado para se sentar, estava agora tombada aos pés enfiados em pantufas gastas. Este devia ser o Sr. Silvano, o dono da casa, pensou Quitéria. Realmente parecia pronto para se mudar para um lugar mais permanente.

Quitéria não conseguia imaginar como é que ele seria capaz de manter uma casa deste tamanho quando nem se conseguia manter acordado durante o dia. Numa segunda poltrona ao lado do velhote, sobre uma almofada esbatida por anos de um rabo não menor do que o de Quitéria, dormia um gato preto. Mesmo sem festas, o felino de olhos semicerrados ronronava como uma panela de água a ferver.

## 3.1

*áudio 07:54*

Quitéria olhou em volta e observou as partículas de pó a rodopiar na luz amarelada do candeeiro. Esta casa era ideal para o que tinha em mente. As suas velhas clientes de bata e cheiro a cebola refogada estavam habituadas a entrar num bloco de apartamentos para contactar com os seus entes queridos no além. Mas estava difícil angariar nova clientela, com a crise e tudo mais... De certeza que uma senhora endinheirada, com palpitações e malinha de marca, apreciaria muito mais o ambiente autêntico desta velha mansão. Uma médium que se prezasse precisava de um ambiente propício às mensagens do outro lado. Afinal de contas, não era muito difícil convencer as pessoas do seu poder de médium. Alguns truques simples eram o suficiente para as enganar. Talvez o velho de bengala deixasse lá o gato depois de vender a casa. Seria um excelente acessório.

Quitéria estava a ser embalada pelo som das ondas à distância, prestes a juntar-se ao velho de bengala no mundo dos sonhos, quando passos se aproximaram da salinha. A bela agente imobiliária vinha de olhos esbugalhados.

— Há algum problema? — perguntou o jovem cabeludo a enfiar as mãos calejadas nos bolsos.

— Problema, André? — repetiu Áurea a olhar para o rapaz como se lhe fosse implorar ajuda. Depois, expôs novamente o seu sorriso incandescente recuperando a compostura. — O único problema é que esta casa ainda não foi vendida! Vamos lá ver que maravilhas tem por descobrir!

Com os saltos dos sapatos a tocar tambor no chão de madeira, Áurea atravessou o espaço e abriu duas grandes portadas de vidro. Quitéria ouviu os sons abafados de espanto dos outros ocupantes da sala. Antes de descobrir o que tinha causado a reação, Quitéria tirou as medidas ao casal que tinha acabado de entrar na salinha. Roupas de qualidade, a chave de um carro que custava o preço de uma casa a balouçar de um dedo, sapatos lustrosos.

Quitéria não gostou do que viu. Estes iam ser a sua verdadeira competição pela velha mansão. A não ser que arranjasse maneira de lhes estragar os planos. Não devia ser difícil. A mulher de cabelos negros tinha os seus olhos descaídos presos na cabeleira loura de Áurea. O homem olhava para a sua mulher e para a agente imobiliária com olhos nervosos. Sim, ia ser fácil.

# 4.

*áudio 10:40*

Além das portadas revelou-se um imenso espaço onde a luz caía em cascata pelo teto de vidro abobadado. André, o rapaz de cabelos compridos, encheu o peito de ar ao ver o interior do que parecia ser uma estufa repleta de árvores e plantas exóticas já pouco verdejantes.

Uma escada metálica subia como uma trepadeira curvilínea até uma varanda interior no primeiro andar. A espreitar por entre duas palmeiras meio tombadas, uma piscina em forma de rim equilibrava na sua superfície esverdeada dois nenúfares com flores murchas.

— Uau! — disse André.

— Eu sei. É incrível. — disse Áurea a saltitar por entre os potes; os braços abertos como o criador do Universo a explicar o paraíso ao comum dos mortais. — Foi o Sr. Silvano que construiu esta escada com as próprias mãos.

Com um dedo bem manicurado apontou para uma fotografia de cores gastas na parede. Nela via-se o que devia ser o Sr. Silvano e a sua mulher na juventude. Ele dizia-lhe qualquer coisa ao ouvido e ela escondia um sorriso malandro com os dedos a tapar a boca.

Quitéria olhou para o homem perto de si, debruçado sobre uma bengala, e sentiu uma pontada de compaixão. Era notória a diferença entre o antes e o depois. As suas mãos enrugadas, sem a força de outrora, tinham claramente deixado de tratar da casa e de limpar os caminhos do bosque que rodeavam a mansão. O mato crescia desenfreado como um incêndio de verão.

# 4.1

*áudio 12:30*

— Já não tratam deste espaço? — perguntou o rapaz.

— Infelizmente, não. — respondeu Áurea. — A esposa do Sr. Silvano, a dona Lina, é que tratava das plantas. Mas desde que faleceu, há coisa de dois meses, têm ficado cada vez mais débeis.

Quitéria, a ouvir a conversa, viu o velho Silvano passar a mão pelos raros cabelos como se ajeitasse um chapéu. Tinha os olhos presos numa racha na parede.

Os visitantes da casa espalharam-se pela estufa, apreciando os pormenores arquitetónicos orgânicos.

Áurea e André aproximaram-se de uma trepadeira de folhas azuladas, enroscada na balaustrada da escada. O rapaz aconchegou uma das folhas moribundas na palma da mão.

— É uma pena. — disse ele.

— Vejo que gostaria de se dedicar ao projeto de reabilitar esta magnífica estufa. — disse a agente imobiliária.

— Não é que me importasse.

— Mas? — perguntou ela inclinando a cabeça, de olhos semicerrados. — Não tem dinheiro?

O rapaz de cabeleira farta deu uma guinada ao pescoço. Tinha sido apanhado. Sentiu as bochechas a aquecer, mas teve esperança de que não se notasse acima do rubor natural que já tinham.

## 5.

*áudio 14:05*

Quitéria observou Josefina a abraçar o corpo com as mãos frias, olhando para o espaço sem vontade. A luz que entrava pelos vidros tinha desmaiado para um cinzento de tempestade, fazendo surgir sombras que não estavam lá há pouco. Carlos parecia ter recuperado do aparente susto que tinha levado quando chegaram e tinha um sorriso desagradável estampado na cara. Quitéria achava que havia algo de estranho entre o casal e a agente imobiliária.

A médium aproximou-se do dono da casa. Parecia estar a mastigar qualquer coisa. Ou será que estava a falar sozinho?

— Tem aqui uma bela casa. — disse ela. Ele ignorou-a. — Tem aqui uma bela casa! — repetiu ela, alto.

O velho piscou os olhos e levantou-os lentamente na sua direção. Ela apercebeu-se, com alguma surpresa, de que tinha um olhar inteligente e algo arreliado, como se não esperasse que alguém reparasse na sua presença.

## 5.1

*áudio 15:13*

— Hmm. — respondeu o Sr. Silvano, de modo vago.

— Lamento muito que tenha de vender a sua casa. Imagino que esteja na família há muitos anos.

Ele não respondeu. Lançou um olhar rápido ao gato preto que se espreguiçava de orelhas para trás a alguma distância. Ela continuou:

— Acredito que já lhe seja difícil manter esta casa. E estas plantas exóticas. Se não são cuidadas diariamente, acabam por morrer. Talvez eu pudesse... — a médium apertou uma flor de trepadeira murcha entre os dedos gordos e puxou-a, largando-a de seguida no chão.

O gato, que se lambia bucolicamente nas proximidades, saltou como um felino de grande porte na direção dela, rasgando-lhe dois traços finos nas costas da mão. Quitéria gritou e deu dois passos para trás agarrando a ferida com a outra mão. Os ocupantes da estufa viraram-se, espantados.

— Oh, meu Deus, Quitéria! — exclamou Áurea, trotando até ela. — Peço imensa desculpa. Esse gato é uma peste. Nem sei de onde vem, mas consegue sempre entrar na casa.

— Não faz mal. Se calhar, o gato está só a defender os seus domínios. — disse Quitéria.

— Carlos, não tens um lenço que possas oferecer à senhora? — perguntou Josefina ao marido. Ele lançou-lhe um olhar afiado, mas fez o que lhe era pedido.

Quando saíram da estufa, Quitéria olhou para o gato preto que, de volta às limpezas com uma perna esticada acima da cabeça, se lambia como um contorcionista. O velho dono da casa, ainda na sombra da escada sinuosa, olhava para Quitéria com o que lhe pareceu ser um sorriso nos lábios.

## 6.

*áudio 17:16*

O grupo entrou na biblioteca; as suas vozes abafadas pelo sucedido na estufa. Josefina pareceu apreciar o recolhimento sombrio oferecido pelo espaço repleto de livros. Uma única poltrona num canto era observada por um candeeiro de pé torto. Carlos olhou de soslaio para

Áurea enquanto Josefina se entretinha a ler as lombadas dos livros. A agente imobiliária parecia estar a perder a energia. Ela esfregou as mãos uma na outra e deu um grande suspiro antes de começar a falar.

— Bom. Aqui estamos na biblioteca. Como podem ver está repleta de estantes a toda a volta. Os livros ficam com a casa, por isso se algum dos senhores estiver interessado em desenvolver aqui um albergue turístico, terá muito com que entreter os hóspedes. — disse a agente com o tom pragmático de quem não tem tempo a perder.

— Não sei se "A metafísica existencialista" será uma leitura muito leve para alguém de férias. — disse Carlos de cabeça inclinada a ler os títulos. Áurea não se riu da sua piada e ele sentiu uma pontada de desilusão no peito. Ele olhou para os restantes à espera de uma reação, sem sucesso. Malditos pobretanas, pensou Carlos, a puxar de um cigarro.

— Desculpe, mas o senhor não pode fumar aqui. — disse Áurea. Os seus olhos tinham-se tornado duas amêndoas agridoces. — Se quiser pode ir lá fora. Há ali uma porta para as traseiras.

Dito isto, a loura atravessou o espaço até aos pesados cortinados que afastou com um esticão. Antes que pudesse abrir a porta envidraçada, gritou e perdeu a força nas pernas. Depois, ficou sentada no chão.

## 6.1

*áudio 19:14*

A mulher gorda apressou-se a ir ver o que se tinha passado. Os outros, assim como Carlos, ficaram a uma distância segura.

— O que é que aconteceu? Sente-se bem? — perguntou Quitéria.

— Uma dor aguda no meu pé. — gemeu Áurea.

Quitéria seguiu o olhar até aos sapatos de salto alto da cor de pérolas marinhas. Um dos pés estava numa posição contorcida, com algo espetado na sola. A luz, cada vez mais ténue, refletiu-se no pedaço de vidro aguçado, cravado no pé da mulher. Espalhados pelo chão, outros estilhaços reluzentes esperavam mais um incauto.

— Credo! É um pedaço de vidro. — disse Quitéria. — Mas o que é que fazem estes cacos no chão? Deixe, eu tento tirá-lo.

— Carlos, não tens nada que a senhora possa usar para proteger a mão? — perguntou Josefina ao marido. Ele voltou a olhar para ela de lado.

— Outro lenço? — perguntou ele. Quando ela não lhe respondeu, Carlos suspirou e tirou outro lenço do bolso, estendendo-o à mão papuda da mulher. Quitéria franziu o nariz, mas aceitou a oferta.

O puto dos cabelos compridos aproximou-se de Áurea e colocou-lhe uma mão no ombro. Ela sorriu-lhe. A lata dele, pensou Carlos.

— Agora, quando disser três, vou puxar. — disse Quitéria, a molhar os lábios. — 1, 2,....

— Ah! — gritou Áurea quando Quitéria lhe tirou o vidro do pé. No meio da dor, a agente puxou o cortinado que acabou por lhe cair em cima. Carlos e André tentaram ajudá-la, mas, puxando cada um para seu lado, acabaram por cair os dois em cima dela no chão.

— Saiam-me de cima, já! — rosnou a agente imobiliária, irritada.

Carlos, abalado por ter caído em cima da mulher, tentou desviar o olhar. Foi aí que reparou que Quitéria se tinha abstraído da cena e olhava com atenção pela janela para as traseiras da casa.

## 6.2

*áudio 21:33*

— Olhem. Ali. — disse Quitéria, com o caco de vidro ensanguentado ainda na mão.

As faces dos dois homens rodaram na sua direção. Lá fora, os ramos dos pinheiros entortavam-se para a esquerda e para a direita como se se tentassem libertar do chão. O vento de norte tinha atingido a costa com toda a sua força e uma nuvem negra ameaçava rebentar em cima deles a qualquer momento.

— É só o vento, mulher. — disse Carlos, a revirar os olhos. Quitéria agarrou-lhe no braço como um caranguejo. A expressão dela tinha mudado. As sobrancelhas arquearam no centro da testa com a marca do terror.

— Não é o vento. Um vulto. Eu vi um vulto a passar ali atrás. Era uma pessoa. Era um fantasma! Eu... eu tenho a certeza. Não estou louca! — disse ela a subir o tom de voz como se já tivesse de ter convencido alguém disso antes.

O rapazola André abriu a porta envidraçada. O vento que entrou de rompante fez levantar o pó nas superfícies da biblioteca.

Como uma seta, o gato preto esgueirou-se para o exterior, desaparecendo por entre os troncos curvados.

## 6.3

*áudio 22:51*

— Vou espreitar lá fora. — disse o puto das mãos sujas a agarrar o cabelo. Josefina fechou a porta atrás dele, meteu as mãos em concha na janela e olhou para a tempestade que se aproximava. Depois, disse:

— O dia está a virar. Acho que devíamos ir embora antes que fiquemos presos aqui com a chuvada que aí vem. Além do mais, esta história de um vulto não me está a agradar. E se alguém se aproveita da tempestade para vir assaltar esta casa?

Áurea levantou-se com dificuldade, deixando o sapato estragado no chão. Agora parecia um verdadeiro fantasma, branca de alto a baixo.

— Eu sugiro irmos até à cozinha e bebermos todos um chá quente. Isto há de ser um aguaceiro. Podemos ir todos embora de seguida. Se não se importam, eu vou terminar esta visita agora. — disse ela, sacudindo a roupa.

— Mas ainda não vimos o piso de cima. — disse Carlos.

Josefina olhou-o com aquela cara que ela fazia quando achava que ele estava a ser um idiota. Ultimamente, nunca tirava aquela cara.

— Consegues mesmo ser uma bestinha, às vezes. — disse ela, ajudando Áurea a sair da biblioteca.

Vejam bem. Aquelas duas já se tinham juntado contra ele. As mulheres eram mesmo todas iguais, pensou ele.

— Não querem esperar pelo rapaz que foi lá fora? — perguntou Quitéria de mãos no peito.

— O que foi à procura do fantasma? — perguntou Carlos. — Não se preocupe, não vai encontrar nada. Ou acha mesmo que acredito na sua história? Se me quer convencer de que a casa está assombrada para me fazer desistir de a comprar, vai ter uma desilusão. Eu não nasci ontem.

Quitéria bufou, com o queixo enfiado no peito, e deixou-se ficar para trás à espera de André.

## 7.

*áudio* 24:52

A chuva começou a fustigar os vidros e o vento assobiava por entre as telhas soltas no telhado. O dono da casa tinha entretanto chegado à biblioteca e tinha-se sentado na poltrona solitária. Parecia ter adormecido novamente com um livro sobre as pernas débeis. Quitéria aproximou-se do Sr. Silvano para confirmar que ainda respirava. Achava incrível como os velhotes tinham uma respiração tão suave que nem se via o peito a subir e a descer.

A médium inclinou a cabeça e leu o título na lombada do livro. "O mercado imobiliário em tempos de crise".

Quitéria desistiu de esperar pelo rapaz e saiu da biblioteca. Ouviu o som de uma chaleira a vir do que devia ser a cozinha. A luz de fundo de mar vertia para o corredor, espalhando reflexos da água da chuva nas paredes a descascar. Quando entrou na cozinha, o vapor da água a ferver toldava as expressões das três figuras em silêncio perto da bancada de pedra.

## 7.1

*áudio* 26:03

Áurea gemia baixinho com os cotovelos na bancada. Carlos, pela primeira vez com uma expressão pensativa, acompanhava a descida dos pingos ao longo da janela que dava para as traseiras. Josefina bebia o chá, fingindo entoar uma música despreocupadamente. Os três olharam para Quitéria. A tensão entre eles era palpável.

Por esta altura, já todos deviam achar que ela era maluca. Mas ela tinha de ver o lado positivo das coisas. Até podiam achar que era uma médium aloucada, mas ao mesmo tempo, não iam arriscar comprar uma casa assombrada. E se a história do vulto fosse verdade?

Quitéria riu-se para dentro. Já se conseguia imaginar a encaminhar as clientes tensas pela salinha até à estufa, onde desempenharia o seu papel de representante do além. Bastava bater com um pé no chão para todas as pequenas secções de vidro da abóbada tremerem. Sim, não ia renovar nada na casa. Assim estava ótimo.

## 7.2

*áudio 27:12*

O chá continuou a ser servido em silêncio enquanto a chuva caía lá fora. Ramos rangiam a resistir contra o vento. Quitéria levantou abruptamente os olhos da chávena.

— Aquele rapaz, o André. Ainda não voltou. — disse ela a começar a sentir ansiedade. Os olhos cruzaram-se na esperança de que alguém tomasse a iniciativa de ir ver o que lhe tinha acontecido.

— Meus queridos. — disse Áurea sentada com o pé no ar. — Eu sei que sou responsável pela visita à casa, mas não estão à espera que eu vá lá fora com o pé neste estado. Tenham paciência.

— Carlos, não queres ir lá fora? — perguntou Josefina ao marido. — Era bom que fizesses alguma coisa de útil.

Antes que o marido lhe pudesse responder, uma luz branca inundou o espaço e cegou-os momentaneamente. Depois, o estrondo vindo do exterior fez vibrar todas as tábuas de madeira, apagando a luz da cozinha. Ninguém se mexeu na ténue luz do final de dia que fintava as nuvens.

## 7.3

*áudio 28:28*

— O que é que foi isto? — perguntou Áurea.

— Parece ter sido um trovão. — disse Quitéria. — Eu vou lá fora consigo, Carlos. Não podemos ficar aqui parados se o rapaz estiver a precisar de ajuda. Não é normal estar a demorar tanto tempo.

O homem, contrariado, deslocou-se até à porta. Ao colocar a mão na maçaneta gritou a plenos pulmões. Mostrou a palma da mão com um pionés vermelho cravado no meio.

— Maldição! — disse ele, à espera que alguém fizesse alguma coisa.

— Deixe-me ajudá-lo. — disse Quitéria.

— Deixe-o. — disse Josefina. — Ele que o tire sozinho.

Carlos afastou-se em direção ao lava-loiças onde continuou a bradar aos céus.

## 7.4

*áudio 29:22*

Quitéria pôs uma mão no queixo.

— Algo aqui não está bem. Eu acho que alguém andou a colocar estas armadilhas pela casa. Estilhaços de vidro e agora isto. Claramente, ninguém deixou um pionés agarrado a uma maçaneta por acaso. — disse ela.

— Mas quem é que podia ter feito isso? — perguntou Áurea com rugas a aparecer nos cantos dos olhos.

Um novo relâmpago atravessou o espaço sem piedade. O trovão que lhe seguiu atacou de novo a casa como uma onda em mar alto. As paredes tremeram e a porta para as traseiras abriu-se sozinha. Lá fora, sob o manto de chuva, lápides de pedra meio tombadas espreitaram por entre as ervas daninhas.

## 8.

*áudio 30:14*

— Eu ia falar-vos sobre isto. — disse Áurea num tom banal.

— Um cemitério ao lado da casa! Então, ia deixar o melhor para o fim, era? Ou ainda tem mais alguma coisa para nos contar? — perguntou Josefina com um sorriso desafiante. Áurea desviou os olhos.

— Na verdade, isto pode ser visto como o ponto cultural desta casa. O valor deste pequeno cemitério é incalculável. Se não me engano, tem uma lápide de 1830, do bisavô do Sr. Silvano, o homem que construiu esta casa. — disse Áurea.

— Toda a gente sabe que os agentes imobiliários são capazes de vender uma infiltração como um elemento decorativo, mas isto passa dos limites. — disse Carlos, vermelho, da cor do pionés.

Áurea continuou como se não o tivesse ouvido.

— E tem uma adição recente, infelizmente. A esposa do Sr. Silvano, a Dona Lina, que faleceu há pouco tempo. — disse ela, pondo uma mão no peito.

— Mas isto fica cada vez melhor. — disse Carlos a dirigir-se para a porta aberta que deixava arrastar folhas molhadas pelo chão.

Quando ia puxar a porta para a fechar, uma mancha negra passou por entre as suas pernas como uma flecha.

— Maldito gato! — gritou ele.

O gato deu um salto sem impulso para cima da bancada da cozinha e observou-os de olhos luminosos. Ninguém se atreveu a fazer-lhe uma festa.

— De onde é que será que ele vem? — perguntou Josefina a rodar nervosamente a aliança de casamento no dedo.

Carlos voltou a tentar puxar a porta para a fechar quando uma mão sapuda o impediu. Era a de Quitéria.

— Ali! — gritou a médium uma vez mais.

— Outra vez? — perguntou Carlos, exasperado.

Lá fora, duas figuras sem contornos deslizavam por entre as lápides do cemitério em direção à casa. Atrás delas, os pinheiros curvavam-se como servos da escuridão. Carlos levou uma mão à boca para se impedir de gritar.

— Estão a vir para cá! Fechem a porta! — berrou de novo Quitéria.

Algo impediu que a porta se fechasse. Uma mão enlameada enfiou-se pela fresta, marcando dedos negros na madeira.

— Ei! — disse uma voz irritada, vinda do exterior. — Deixem-nos entrar, caramba!

## 9.

*áudio 32:57*

Dois homens irromperam pelo espaço como que projetados por um canhão invisível.

— Querem deixar-nos lá fora com este temporal? — perguntou um deles a sacudir o cabelo desgrenhado como um cão. Era André.

— Desculpe, não sabíamos... — Quitéria parou a meio da frase. — Quem é este?

Ao lado do rapaz, um homem de sobretudo, chapéu, óculos escuros e bigode estava mudo e rígido.

— Ah, ele. — disse André a tirar os sapatos molhados e a mostrar um par de meias imundas. — Tropecei nele quando já andava perdido no bosque. Aparentemente, este senhor tinha acabado de cair em cheio numa silva quando andava à procura da casa para a visitar. Ajudei-o a libertar-se. E ainda comi umas amoras silvestres. São maravilhosas quando ganham o aroma do musgo.

Os outros três olharam para o homem.

— E tem nome? — perguntou Carlos a percorrê-lo de alto a baixo. O homem de bigode mexeu-se pela primeira vez e coçou o nariz.

— O meu nome é JC. José Castanheira. Ao vosso dispor. — disse ele com uma voz de fundo de poço.

Áurea arqueou uma sobrancelha. Tinha a sensação de já ter ouvido aquela voz antes.

— Veio visitar a casa, foi? — perguntou a agente imobiliária a esticar o pescoço.

— Efetivamente. — respondeu ele.

— Escolheu mal o dia, amigo. — disse Carlos com um esgar. — Não só estamos no meio de uma tempestade, como a casa está assombrada. Por isso o melhor é...

— Se me permite. — interrompeu-o JC. — Talvez possamos começar por ver o andar de cima e depois terminamos cá em baixo.

Carlos olhou-o enviesado. Áurea pigarreou. Ela via ainda uma luz ao fundo do túnel e a hipótese de salvar este negócio. A ferida no pé ainda não tinha estancado completamente, mas com jeitinho podia andar em bicos de pés e fazer um brilharete com este tal JC. Naquele momento, a luz voltou à cozinha.

## 10.

*áudio* 35:23

Enquanto o grupo subia pelas escadas para o primeiro piso, Quitéria decidiu ir espreitar novamente o velhote esquecido na biblioteca. Parecia que todos o ignoravam.

A cabeça do homem tinha agora pendido para trás e viam-se três dentes solitários na boca escancarada. Aos seus pés, o gato preto ronronava de olhos abertos.

No cimo das escadas, Quitéria ouviu as vozes ecoarem de lados distintos. Carlos e Áurea tinham ido para o corredor da esquerda; o rapaz André, Josefina e o novo visitante, JC, tinham ido para o corredor da direita. Quitéria permaneceu no topo das escadas por uns momentos, indecisa.

# 11.

*áudio 36:10*

— O que é que fazes aqui? — perguntou a agente imobiliária, certificando-se de que ela e Carlos estavam a sós num dos quartos. O esplendor do piso inferior tinha desaparecido no quarto despido e frio.

— O que é que eu faço aqui? Eu quero é saber o que é que andaste a contar à Josefina. — disse Carlos com fogo nos olhos. Agarrou-lhe num braço e sacudiu-o com um espasmo.

— Como te atreves? Tira a tua pata de cima de mim. — disse ela entre dentes. — Que interesse tinha eu em contar à tua mulher que andamos a encontrar-nos numa das casas devolutas?

Algures do piso de baixo ouviu-se o som de vidro a partir. Talvez uma janela. Com um clique suave, a luz apagou-se novamente, desta vez sem aviso.

— Depois falamos sobre isto. — disse ele.

— Talvez chame a Josefina e tratamos logo do assunto, o que achas? Pensando bem, não tenho mais nada para falar contigo. — disse ela a sentir a cara a ferver. Depois, coxeou até à porta do quarto. — Tenho de ir ver o que aconteceu lá em baixo. Se a Quitéria tiver razão, pode ter entrado alguém cá dentro agora mesmo.

Quitéria estava à porta do quarto quando um vulto de branco passou por ela a coxear.

A lua desapareceu atrás de um oceano negro de nuvens, lançando uma sombra sem fundo sobre a mansão. No negrume total, passos apressados soaram pelo corredor alcatifado. Um grito sobrepôs-se ao ruído da chuva. Depois, o som de algo pesado a cair nas escadas espalhou-se como uma corrente gelada por entre árvores submersas. Finalmente, a luz voltou de novo.

## 12.

*áudio 38:02*

No patamar do primeiro andar apareceram as várias pessoas do grupo. Carlos e Quitéria chegaram da esquerda, e do outro lado, André, Josefina e JC. O gato também apareceu; as unhas cravadas no tapete enquanto se espreguiçava.

Os vários olhos cruzaram-se à procura de uma explicação para o grito que tinham ouvido.

— Eu vi alguém a passar no escuro em direção às escadas depois da luz se apagar. Devia ser a Áurea. É a única pessoa que falta aqui. — disse Quitéria.

O grupo moveu-se até ao topo das escadas. Quitéria reparou no olhar de mágoa com que Josefina olhava para Carlos.

Foi o homem de chapéu, e ainda de óculos escuros, que apontou com um dedo enluvado e tremelicante para a base das escadas. Josefina foi a primeira a gritar. Um grito mudo, dado para dentro e não para fora.

Lá em baixo, na base das escadas, Áurea estava contorcida como uma boneca de pano; os seus olhos abertos na direção do céu estrelado algures atrás das nuvens de chuva. Uma mancha de sangue escuro, que se estendia desde a base da nuca, dançava já dentro da piscina dos nenúfares. Uma perna estava dobrada debaixo do corpo. A outra estava esticada sobre o último degrau. O pé ferido pelo estilhaço de vidro tinha finalmente parado de sangrar.

## 12.1

*áudio* 39:38

A médium abanou a cabeça e desceu a escada de metal, fazendo-a balouçar a cada passo. Pôs um dedo no pescoço de Áurea, evitando olhar-lhe para o rosto congelado numa expressão de espanto. Depois retirou a mão e fechou-a num punho, esfregando o dedo que tinha tocado no corpo.

— Não tem pulso. Infelizmente, acho que já não há nada a fazer. — disse ela.

— E agora? — perguntou Josefina.

Quitéria não tinha a certeza a que é que ela se referia. Se ao próximo passo a tomar depois de um acidente, ou ao seu próprio futuro. Carlos esfregava as mãos na cara, como se quisesse acordar de um pesadelo.

JC tirou o chapéu, expondo o que era claramente uma peruca de má qualidade. Quitéria só podia imaginar o que os óculos escuros escondiam.

— Temos de chamar a polícia. — disse Quitéria. — E o melhor é termos cuidado para não contaminarmos a cena.

— A cena? — perguntou Josefina, de expressão assimétrica. — Mas então, ela não caiu das escadas? Está a insinuar de que se trata de um crime?

— Eu não estou a insinuar nada, filha. Só a polícia poderá esclarecer o que se passou. — disse Quitéria. — Embora...

— Embora o quê? — perguntou Carlos com impaciência.

— Embora eu tenha visto Áurea pela última vez consigo, Carlos. E estavam a discutir. — rematou a médium.

## 13.

*áudio 41:25*

De volta à biblioteca, o grupo aguardava a chegada da polícia. Josefina, de olhos marejados, esperava para ouvir a explicação de Carlos.

— Eu vi Áurea pela última vez quando ela saiu do quarto para ir ao piso de baixo. Ouvimos um vidro a partir e ela decidiu ir ver o que se tinha passado. — explicou Carlos.

Josefina fingiu estar a ler as lombadas dos livros. JC olhava pela janela. Não para ver o exterior, mas para se ver no reflexo do vidro.

Quitéria decidiu deixar o assunto morrer naquele momento. Abandonou os outros com os seus pensamentos e sacudiu o ombro ossudo do velho Silvano ainda adormecido na poltrona. Ele roncou e tentou abrir os olhos colados.

— Desculpe acordá-lo. — disse ela. — Houve um acidente.

— Uh? — gemeu o homem num tom ainda mais agudo e frágil do que ela teria esperado.

— Estamos a perder o nosso tempo. — disse Carlos a virar-se para os restantes. — Vamos mas é embora daqui. Já fui acusado de cometer um crime, de maneiras que, para mim, esta visita acabou. Se a polícia quiser, que me contacte em casa.

Uma rabanada de vento sacudiu a casa. Alguns ramos racharam e ouviram-se a tombar sobre as lápides do pequeno cemitério.

— Vocês os dois estavam a discutir sobre o quê, se é que posso saber? — perguntou Josefina, como se ainda estivessem a falar do que aconteceu antes do acidente.

— O quê? Ainda te estas a fazer passar por sonsa? Como se não soubesses perfeitamente ao que vinhas quando me decidiste arrastar para esta visita. — disse o marido.

As cabeças rodaram na direção de Josefina.

— Se não sabia, fiquei agora a saber com toda a certeza. — disse ela. — Como foste capaz de andar metido com uma lambisgóia de cetim?

JC agarrou num braço de Josefina. Ele parecia estar a ganhar confiança.

— Então, empurrou-a pela escada abaixo para a tirar de cena, é isso? — perguntou ele.

— Não a agarres, meu. Mas tu achas que sabes alguma coisa? — perguntou Carlos, empurrando-o.

Quitéria enfiou-se entre os dois, quase desequilibrando Carlos para cima de uma estante.

— Vamos ter calma. — disse ela. — Guardem as vossas opiniões para quando a polícia chegar.

— Como assim? Eu não vou arriscar ficar aqui com um assassino. — disse o homem de óculos escuros abotoando o sobretudo com delicadeza.

— Ai, isso é que vai. — disse Quitéria.

## 14.

*áudio 44:11*

— Pode começar por tirar essa peruca e esses óculos escuros. — ordenou Quitéria a JC. — Quase que aposto que trazem o bigode agarrado atrás.

O velho Silvano, agora inclinado para a frente com os braços nos apoios da poltrona, largou uma gargalhada.

— Eu pensava que ele não ouvia bem. — disse Quitéria, surpresa.

— Eu? Eu estou a ouvir muito bem a sua insinuação! — disse JC. Depois, virou-se e começou a correr para a porta para se esgueirar da biblioteca.

— Agarrem-no! — gritou Carlos.

— Porque é que não o agarras tu? — perguntou Josefina.

Carlos lançou-se no encalço de JC. Esticou uma mão para o agarrar, mas tropeçou para cima dele fazendo-os cair aos dois contra a ombreira da porta. Na sua mão ainda estava o que tinha conseguido agarrar, uma peruca preta de palhaço. No alvoroço, um objeto tinha caído do bolso do sobretudo de JC, rebolando até aos pés de Quitéria. Uma garrafa de vidro com o gargalo partido.

— Agarre-o bem, Carlos. — pediu Quitéria. — Acho que descobrimos um impostor.

## 14.1

*áudio 45:33*

Assim como Quitéria tinha previsto, JC tinha uma máscara de bigode com óculos escuros, daquelas que se usavam no Carnaval. Estava agora sentado no centro da biblioteca onde todos o podiam ver bem.

— O que é que fazemos, Quitéria? — perguntou Carlos. A médium apreciou o respeito que lhe estava a ser dado como líder da situação. Ela podia acabar por não ficar com a casa, mas ao menos já ninguém a ficava a chamar de maluca.

— Agora, perguntamos a este senhor porque é que andou a espalhar vidros partidos pela casa. — disse ela, espetando o peito para fora.

— Não fiz nada do que me acusa. Isto é um ultraje. — respondeu JC.

Quitéria deu alguns passos pela biblioteca. O dia tinha dado uma reviravolta, mas este desfecho talvez não fosse o pior para si.

— Que razão tinha para querer matar a Áurea? — perguntou ela, inclinando a cabeça.

— Já disse, eu não seria capaz de algo tão radical.

— Mas de alguma coisa menos radical, talvez? — pressionou ela. JC olhou para o chão no famoso gesto da vergonha.

— Eu só espalhei alguns vidros pelo chão. E talvez um ou outro pionés. — disse ele num sussurro.

— Eu sabia! — gritou Carlos. — Temos aqui o nosso assassino!

— Calma. — interrompeu Quitéria. — Eu acredito que este homem mascarado tenha tido só a intenção de arreliar os visitantes da casa. Talvez para prejudicar o negócio?

— Já estava a começar a ser de mais. — disse JC sem levantar os olhos do chão. — A Áurea tem sido a agente imobiliária número um desde que eu comecei a trabalhar na mesma agência. Tem a cara em cartazes espalhados pelo distrito todo. Para onde quer que olhe, lá está o seu sorriso cristalino. Estava só a tentar equilibrar o mercado para que os restantes agentes consigam sobreviver. Nós vivemos das vendas, sabiam?

— Áurea feriu-se num dos seus cacos de vidro. Já imaginou que ela poderá ter caído das escadas por não se conseguir apoiar convenientemente no pé? — perguntou Quitéria. O homem na cadeira fungou e atirou o conjunto de óculos e bigode para o chão.

— Lamento imenso. Fui longe demais. — disse ele.

— Bom, podemos então fechar isto como um acidente. Foi um prazer, mas nós vamos embora agora. — disse Carlos a fazer um gesto a Josefina para começar a andar.

— Se calhar, era melhor ficarmos por aqui até a polícia chegar. — disse André. — Estas tempestades por aqui costumam alagar o caminho.

## 14.2

*áudio 48:36*

JC levantou-se com renovada energia e olhou em volta para as caras dos visitantes. Arregaçou as mangas e limpou a garganta.

— Se calhar, há algo que precisam de saber. Quando encontrei este rapaz de cabelo comprido no bosque, ele não estava perdido, mas sim a sair de uma rulote velha. Uma rulote rodeada de uma verdejante plantação de canábis. — disse JC de novo com o seu tom altivo para criar impacto.

As sobrancelhas dos outros levantaram-se, surpresas.

— Creio que este jovem tem interesse em que a casa não seja vendida. Vendê-la seria arriscar a descoberta da sua plantação ilegal no terreno. — continuou o homem de sobretudo.

André deu dois passos para trás batendo numa vitrine de porcelanas que chocalharam insistentemente.

— Eu sou pela vida. — disse André com olhos fugidios. — Eu só queria poder continuar a crescer a minha plantação para fins... medicinais.

— Agarrem-no! — gritou Carlos.

Josefina revirou os olhos.

— Mas porque é que não o agarras tu? — perguntou ela. Depois, virou-se para o grupo e disse:

— Não pode ter sido o André a empurrar a Áurea. Ele estava comigo quando ouvimos o grito nas escadas.

— O que é que vocês estavam a fazer? — perguntou Carlos a ficar vermelho.

— Não sejas idiota. Nem todos são parvos como tu. — respondeu ela.

— Bem, podemos finalmente concluir que se tratou de um infeliz acidente. — disse JC a encolher os ombros.

— Não tenho tanta certeza disso. Tanto quanto sei, todos tínhamos motivo para empurrar a Áurea pelas escadas abaixo. — disse Quitéria.

— Incluindo a própria Quitéria. — disse Carlos, a olhar para ela, desconfiado.

## 15.

*áudio 50:41*

— Que razão teria eu para desejar algum mal a Áurea? — perguntou Quitéria ao espetar o peito para fora. Era um gesto que fazia quando estava ansiosa.

André levantou uma mão antes de começar a falar. Estava a começar a sentir-se confiante.

— Já que a teoria do fantasma a passar lá fora não pegou, nada como um assassinato na casa para ser quase impossível de a vender. Exceto à pessoa interessada em comprá-la por meia dúzia de tostões, claro — disse ele, espantado com os seus poderes de dedução. Aqui estava a prova de que a canábis não danificava o cérebro. Além disso, ele tinha decidido que não ia perder a sua plantação de mão beijada.

— E depois começa a lançar a dúvida sobre os outros visitantes da casa. Bem jogado. — disse JC.

— Não diga disparates. Neste momento o senhor tem pouca credibilidade. — disse Quitéria ao homem de sobretudo. — Além do mais, eu acredito que tenha sido o senhor que eu vi a rondar lá fora à espera da oportunidade para vir pregar as suas partidinhas.

— Engana-se. — disse o homem sem óculos e sem bigode. — Na verdade, eu já tinha preparado tudo ontem à noite. Eu acredito que a preparação é a chave para o sucesso.

— Ah, mas que atencioso. — disse Carlos, sem esconder a ironia.

— Mas então, quem é que andava lá fora? — perguntou André a olhar através do vidro encharcado.

## 16.

## Detetive Gualdim

*áudio 52:25*

Quando os carros enlameados da polícia pisaram a gravilha à entrada da casa, os visitantes apressaram-se para a saída. Um homem com excesso de peso e cabelo cortado em casa tomou notas sobre o sucedido num bloco molhado.

Enquanto agentes da polícia técnica fotografavam o corpo na base das escadas, os restantes membros do grupo foram encaminhados para o exterior onde os carros os esperavam.

— Antunes! — chamou o detetive na direção de um agente fardado.

— Diga, chefe. — disse o agente Antunes a tentar esconder a sandes de atum no bolso.

— Vá ver onde anda o dono da casa. Rápido.

— Já demos a volta à casa e não encontrámos ninguém, chefe.

O detetive Gualdim coçou os esporádicos pelos de barba na cara. A final da taça de futebol era dali a uma hora, pensou ele. Com um gesto brusco fechou o bloco de notas esborratado e dirigiu-se para a saída.

## 17.

## Silvano. Duas horas antes.

*áudio* 53:33

Os visitantes estavam todos no primeiro andar. Na biblioteca, a silhueta do velho Silvano ergueu-se da poltrona sem dificuldade, agarrando o livro que tinha sobre as pernas. O gato ficou enroscado no tapete, com a cauda a fazer curvas no ar como um chicote.

O homem saltitou pelo espaço em bicos de pés e escutou com atenção as vozes vindas do piso superior. Depois, correu como um lince para a entrada da casa. Atirou o pesado livro à janela fazendo quebrar o vidro enfraquecido sem dificuldade. Com os primeiros pingos de chuva a entrar para o interior, Silvano abriu o quadro da eletricidade ao seu lado e desligou a luz. Como um gato pardo à noite, o velho subiu as escadas pronto para atirar alguém por elas abaixo.

A loura da agência imobiliária coxeava em direção às escadas. Mas que sorte! Ela pareceu pressentir qualquer coisa e estendeu uma mão à sua frente no espaço escuro. Quando os dedos da mulher tocaram nos de Silvano, ele puxou-a na sua direção, largando-a a meio do impulso. Ela gritou e caiu pelas escadas abaixo.

Silvano deslizou pelo corrimão metálico, passando pelo corpo ainda quente de Áurea na base das escadas. Depois, desapareceu entre as palmeiras tortas da estufa.

Quando ele regressou à biblioteca, o gato espreguiçava-se a meio de um bocejo em frente à lareira.

— Bem que me podias ter dado uma ajudinha. — disse Silvano, com um sorriso de orelha a orelha. O gato inclinou a cabeça e lambeu-lhe a mão com a sua língua áspera. — Não te preocupes, Lina. Já está feito. Depois desta já ninguém vai querer comprar a casa. Os chatos dos agentes imobiliários parece que só percebem assim. Agora somos só tu e eu. Para sempre.

## 18.

*áudio 55:55*

Tinham passados dois meses quando, por coincidência (ou não), Quitéria deu por si a passar perto do caminho das escarpas. Aquele que levava à mansão do Sr. Silvano.

Depois do desastre da visita à casa, as agências imobiliárias acabaram por perder o interesse em vender a propriedade. A percentagem que receberiam se a conseguissem vender seria demasiado reduzida para o esforço envolvido. Isto porque teriam de a vender por um valor muito abaixo do pretendido.

Mas a casa continuava lá, escondida entre os pinheiros do bosque perto do mar. Quitéria nunca tinha conseguido esquecer o vulto que tinha visto a deambular no exterior da casa durante a tempestade. Acreditava que estaria de algum modo envolvido na morte de Áurea, embora nunca o tenha chegado a referir ao detetive Gualdim. O polícia estava demasiado interessado em fechar o caso como um infeliz acidente provocado por alguém a andar às escuras com o pé lesionado. E ela estava farta de ser tratada como maluca.

No final dos interrogatórios, Josefina e Carlos saíram da esquadra da polícia de braço dado. Pareciam prontos para recomeçar mais uma fase atribulada do seu casamento. JC e André saíram igualmente juntos, a combinar a expansão da sua plantação de canábis. Talvez para outros terrenos que o agente imobiliário tinha à venda.

Os últimos meses tinham sido difíceis para Quitéria. Por alguma razão, tinha perdido o à-vontade em desempenhar o papel de médium que costumava espantar as suas clientes. Pouco a pouco, a sua sala de atendimento mal iluminada tinha começado a acumular pó. Talvez o teatro de ilusões daquela tarde fatídica lhe tenha demonstrado o perigo dos segredos. Sentia que precisava de descobrir uma vocação genuína, algo que não implicasse ter de mentir.

Mas este dia, em contraste com o daquela tarde, estava luminoso e isso levantava-lhe os espíritos. As gaivotas balouçavam no ar como pêndulos e o aroma do mar misturava-se com o fresco do musgo do bosque.

Nas traseiras da casa, sobre uma antiga lápide no cemitério, estava o gato preto que Quitéria já conhecia; os seus olhos amarelos postos nela como se não acreditassem na audácia que ela tinha em voltar aos seus domínios. Quitéria passou instintivamente os dedos na cicatriz que os seus arranhões tinham deixado nas costas da mão.

De repente, a mulher sentiu algo a deslocar-se atrás de si. Ainda viu o vulto por breves momentos a desaparecer entre as árvores. Um homem de costas curvadas. O gato emitiu um som satisfeito e saltou para a penumbra do bosque como se fosse ter com ele.

À sua frente, um raio de sol furou a copa de um pinheiro iluminando a lápide carcomida de onde o gato tinha saído. As letras esculpidas no mármore destacaram-se do fundo, formando um único nome: SILVANO.

FIM

2

# HISTÓRIA COM GLOSSÁRIO E RESUMO

## 1.

*áudio 00:07*

A mansão ficava depois de uma curva apertada antes das **escarpas**. Alguém distraído podia ter de **dar uma guinada de última hora** para não se lançar sobre as rochas **lambidas** pelo mar. Se se conseguisse **retomar** o **caminho de terra batida a tempo**, podia-se **acalmar os ânimos** no bosque de **pinheiros mansos**. Estavam curvados pelos anos do vento **agreste** que **varria** o **penhasco**.

Escondida lá **bem no meio** do bosque, numa **clareira aninhada** entre os pinheiros, erguia-se, com esforço, a mansão do Sr. Silvano. Deixava apenas espreitar os telhados inclinados além das copas das árvores. **Já tinha visto melhores dias**, com as portadas das janelas a perder a força da juventude, a **penderem** em direção ao solo.

Silvas trepavam à volta das janelas no rés-do-chão. **Quem estendesse uma mão** do interior da casa podia apanhar as suas amoras gordas. **Tingiam** os dedos de roxo como o sangue de uma **alma penada**.

## Glossário

**a tempo**: à hora certa; à hora esperada

*Se não te vestires rápido, não vamos chegar a tempo.*

**acalmar os ânimos**: acalmar-se

*Nós estamos todos chateados. Vamos acalmar os ânimos para podermos resolver o problema.*

**agreste(s)**: rústico; bravio

*Nunca pensei que o clima na Rússia fosse assim tão agreste. Estão menos vinte graus.*

**alma penada** (f, -s -s): o espírito de uma pessoa falecida que deixou assuntos por resolver na Terra e que tenta comunicar com os vivos

*Faz as pazes com toda a gente enquanto tens tempo. Nunca se sabe quando podes falecer e tornar-te numa alma penada!*

**aninhado(s)/a(s)**: aconchegado

*O meu cão deitou-se na minha cama e ficou lá aninhado debaixo do cobertor.*

**bem no meio**: exatamente no centro de algo

*Com confiança, lançou o dardo e acertou bem no meio do alvo.*

**caminho de terra batida** (m, -s -): caminho sem pavimento alcatroado (sem alcatrão)

*Chegamos lá mais rápido se formos pelo caminho de terra batida, mas o carro vai ficar todo sujo.*

**clareira** (f, -s): zona aberta de um bosque ou floresta

*Os animais do bosque ouviram a Branca de Neve a cantar e juntaram—se a ela na clareira.*

**dar uma guinada**: guinar; virar o volante subitamente para mudar de direção

*O condutor assustou-se e deu uma guinada ao volante, quase provocando um acidente.*

**de última hora**: acabado de acontecer

*Notícia de última hora: "Senhor idoso apanhado a roubar croissants de uma pastelaria".*

**escarpa** (f, -s): falésia; elevação muito inclinada

*Pedrinho, eu sei que a vista é bonita de cá de cima, mas não desças pela escarpa porque podes cair!*

**já tinha visto melhores dias**: já tinha estado em melhores condições

*O quarto dele não está muito desarrumado, mas também já viu melhores dias.*

**lambido(s)/a(s)**: em que se passou a língua

*Eu adoro tanto esta comida que deixei o prato lambido. Nem é preciso lavar!*

**pender**: estar a cair; estar inclinado

*A árvore estava tão cheia de frutos qe os ramos pendiam com o peso.*

**penhasco** (m, -s): escarpa; zona de desnível entre a praia e a terra, geralmente alta

*Ele ainda tentou travar a tempo, mas não conseguiu. O carro acabou por cair de um penhasco com vinte metros de altura.*

**pinheiro manso** (m, -s -s): tipo de pinheiro originário da zona do Mediterrâneo (*Pinus pinea*)

*Há vários tipos de árvores e vários tipos de pinheiros. O pinheiro manso é um deles.*

**quem estendesse uma mão**: quem + imperfeito do conjuntivo (estender: esticar)

*Quem estendesse uma mão podia apanhar os flocos de neve que caíam do lado de fora da janela.*

**se se conseguisse retomar**: se + imperfeito do conjuntivo (retomar: voltar a um evento interrompido)

*Se se conseguisse retomar o espetáculo, irias adorar. Infelizmente, teve de ser suspenso devido à ventania.*

**tingir**: passar a cor de uma coisa para outra

*Porque é que lavaste as tuas calças novas com o resto da roupa? Agora tenho as minhas blusas brancas tingidas de azul. Já sabias que ia tingir e não tiveste cuidado!*

**varrer** (varria): limpar o chão com uma vassoura

*Eu adoro arrumar a casa, exceto a parte de varrer o pó. Fico cheio de alergias!*

## Resumo

A mansão do Sr. Silvano era uma casa velha situada numa clareira de um bosque. O bosque ficava numa falésia perto do mar.

## 2.

*áudio 01:28*

Um carro descapotável **travou a fundo** em frente à mansão, cravando duas feridas profundas na **gravilha**.

— Tens a certeza que é aqui? — perguntou a mulher de cabelos negros no **banco do pendura**. Olhou para trás, para o túnel de pinheiros que marcava a única saída. Esfregou as mãos acalmando os dedos irrequietos. Depois prendeu um fio de cabelo invisível atrás da orelha.

— Tem calma, Josefina. **E se não for aqui**? Qual é o problema? É só voltar para trás. Relaxa. — disse o condutor do carro desportivo. Estava com um sorriso que só lhe apanhava metade da cara. Depois, pôs-lhe a mão sobre a sua.

— Para ti é sempre tudo muito simples, Carlos. — disse-lhe ela com um olhar lateral.

O homem desligou o carro e os dois ficaram por breves momentos a registar os **uivos** do vento que deslizava por entre as árvores.

— Onde é que está a tua **aliança**? — perguntou ela sem olhar para ele. **Carlos fitou as mãos como se não fossem suas e as visse pela primeira vez**.

— **Devo tê-la deixado** na bancada do lavatório. A última coisa que queria era perdê-la pelo **ralo** a lavar as mãos.

Josefina suspirou e olhou para Carlos. Ele estava agora com a sua expressão favorita de criança inocente. Ainda ontem, Josefina tinha encontrado uma nota perfumada com letra de mulher a **empestar** uma das melhores camisas do marido. A mesma que ele trazia vestida naquele momento. Ponderou pedir-lhe o divórcio, mas, em vez disso, **optou** por visitar uma casa à venda. Quem sabe conseguia reforçar a união com um **empréstimo** ao banco.

Josefina saiu do carro fazendo saltar um corvo assustado da copa de uma árvore.

## Glossário

**aliança** (f, -s): anel que simboliza o casamento

*A menina das alianças tropeçou e deixou-as cair dentro do lago. O casamento teve de prosseguir sem alianças.*

**banco do pendura** (m, -s -): banco ao lado do banco do condutor

*José olhou para o banco do condutor e depois para o banco do pendura. Ambos estavam vazios.*

**Carlos fitou as mãos como se não fossem suas e as visse pela primeira vez** (como se não fossem / como se as visse: como se + pretérito imperfeito do conjuntivo)

*Ele devorou o almoço como se não comesse há três dias.*

**devo tê-la deixado** (devo ter deixado a aliança): provavelmente deixei-a

*Não sei das chaves. Devo tê-las deixado em casa.*

**e se não for aqui** (se não for: se + futuro do conjuntivo)

*Nós viemos até aqui sem pensar duas vezes, mas e se não for aqui que está o tesouro?*

**empestar**: tornar algo malcheiroso (com um cheiro mau)

*A minha vizinha usa um perfume barato que fica sempre a empestar o elevador.*

**empréstimo** (m, -s): ato de emprestar; o que se pede ao banco quando se quer dinheiro para comprar uma casa

*O banco fez-me um empréstimo muito bom. Agora posso ficar cinquenta anos a pagar a casa!*

**gravilha** (f, -.s): pedra britada; pedra partida em bocados pequenos

*Colocámos umas pás de gravilha no caminho para o carro não derrapar na lama.*

**optar por**: decidir-se por

*Após muita indecisão, optei por comprar o carro mais caro. Agora fiquei sem dinheiro, mas parece que tenho muito.*

**ralo** (m, -s): orifício no lava-loiças por onde sai a água

*A minha pulseira rebentou enquanto eu estava a tomar banho e caiu pelo ralo.*

**travar a fundo** (travou a fundo): colocar o pé no travão para travar bruscamente e fazer parar o carro

*Ele teve de travar a fundo porque estava distraído e quase ia atropelando um peão na passadeira.*

**uivo** (m, -s): som feito pelo lobo ou pelo cão (no texto compara-se o som do vento a um uivo)

*A coisa mais assustadora que já ouvi foi o uivo de um lobo durante uma noite de lua cheia.*

## Resumo

Um casal, composto pela Josefina e pelo Carlos, chegou de carro à mansão. A mulher estava ansiosa, mas o marido estava descontraído. Ela reparou que o marido não tinha a aliança no dedo, mas ele desculpou-se dizendo que a tirou para lavar as mãos.

O marido parecia não saber que a Josefina tinha encontrado na sua camisa uma nota perfumada escrita por uma mulher.

Ela pensou em pedir o divórcio, mas decidiu ir visitar uma casa à venda. Talvez se comprassem uma casa nova, o seu relacionamento tivesse uma nova oportunidade.

## 2.1

*áudio 03:25*

— Afinal é mesmo aqui. — disse ela a apontar na direção da casa. Numa placa com os cantos **carcomidos** pelo ar marítimo, lia-se:

*CASA À VENDA*

*Visite-nos hoje.*

*Áurea da Luz – A* ***agente imobiliária*** *nº 1.*

Carlos não lhe respondeu, ficando para trás. Josefina apertou o casaco e subiu os degraus tortos que levavam à entrada. A madeira da porta **cedeu** com um empurrão suave e atrás dela emergiu um sorriso luminoso.

— Bom dia! Os senhores vêm visitar a casa? — perguntou uma mulher loura numa camisa de cetim branca e calças a **condizer**. O batom perfeitamente delineado nos lábios emoldurava dentes de marfim como uma linha de terra ao longo de um glaciar. Josefina ficou momentaneamente **de queixo caído**. Olhou para trás à procura de Carlos. Ele estava de pé com os braços pendurados ao lado do corpo a olhar para a entrada da casa. Na cara tinha a expressão de alguém que tinha acabado de ver um **fantasma**. Carlos e a mulher de branco olharam-se **num misto de** surpresa e medo. Tal como Josefina esperava.

— Uh. Sim. — **gaguejou** Josefina a retribuir o olhar da mulher. Contorceu a alça da mala com os dedos **esguios** e fez um sorriso forçado.

— E não se vão arrepender. O meu nome é Áurea, Áurea da Luz. — disse a mulher luminosa a puxar Josefina para dentro com uma mão insistente no cotovelo. Depois, com um **coice** do **calcanhar**, fechou a porta na cara de Carlos.

## Glossário

**agente imobiliária** (f, -s -s): mulher cujo trabalho é vender/arrendar casas

*Qual é o nome da agente imobiliária que te ajudou a vender a casa?*

**calcanhar** (m, -es): a zona posterior do pé

*O calcanhar é uma zona muito resistente do corpo humano. Mas é preciso cuidado para não se bater com o calcanhar de Aquiles! (calcanhar de Aquiles: tendão posterior da perna)*

**carcomido(s)/a(s)**: gasto; destruído

*Este edifício está aqui há mais de um século. É por isso que está todo carcomido.*

**ceder** (cedeu): curvar-se; não resistir

*Esses livros são demasiado pesados. A prateleira vai ceder.*

**coice** (m, -s): pontapé dado pelos equídeos (cavalo, burro) com a pata traseira

*Estavas presente quando o João levou um coice de um burro na feira medieval?*

**condizer**: ir bem com; combinar; estar em harmonia com

*Comprei-te uma camisola que condiz com as tuas calças. Ambas são azuis.*

**de queixo caído**: (expressão) muito espantado

*Ele não acreditou no que viu. Ficou de queixo caído.*

**esguio(s)/a(s)**: estreito e comprido

*Ela tem pernas esguias por isso fica bem de saia. Eu tenho pernas baixas e gordas, por isso prefiro usar calças.*

**fantasma** (m, -s): espectro; alma do além; alma do outro mundo

*Dizem que esta casa está cheia de fantasmas, mas eu nunca vi nenhum. Só ouço portas a bater e móveis a ser arrastados. Mas isso provavelmente é o meu vizinho.*

**gaguejar** (gaguejou): falar com pausas e repetições de sílabas; balbuciar; falar de forma atrapalhada

*Ele estava assustado com a apresentação que tinha de fazer ao cliente. Por isso começou a gaguejar.*

**num misto de**: com diferentes elementos misturados

*Pedi o divórcio à minha mulher. Por um lado, estava aliviado, mas por outro, estava triste. Foi um misto de emoções.*

## Resumo

A Josefina e o Carlos confirmaram que estavam no lugar certo quando viram uma placa a dizer que a casa estava à venda. A Josefina foi até à porta e conheceu a agente imobiliária que lhe abriu a porta. A Josefina ficou impressionada com a beleza da mulher vestida de branco.

Quando o Carlos e a agente imobiliária se viram, pareceram ficar os dois assustados. Ela diz que o seu nome é Áurea. Depois, encaminhou a Josefina para dentro da casa, mas fechou a porta na cara de Carlos.

# 3.

*áudio 05:27*

Quitéria dobrou os braços sobre o seu peito generoso e **recostou-se** na cadeira que lhe estava a **deixar o rabo quadrado**. A agente imobiliária tinha saído da pequena sala escura para receber outros possíveis compradores e tinha-os deixado desconfortavelmente sozinhos. À sua frente, um rapaz, que não devia ter mais do que vinte e poucos anos, olhava para os bibelots **poeirentos** em cima de uma estante inclinada. Ele aproximou o nariz de uma pequena estatueta de porcelana que parecia um pequeno monstro verde.

— É um duende. — disse Quitéria a esclarecer a dúvida que **pairava** sobre a cabeça **cabeluda** do rapaz. Ele virou-se bruscamente, quase deitando ao chão a estatueta que ficou a balouçar periclitantemente.

Se este **miúdo** de cabelo despenteado e unhas marcadas a negro de terra tinha dinheiro para comprar esta mansão, então ela não percebia nada de pessoas, pensou Quitéria.

— Está a ponderar começar família aqui? — perguntou ela.

— Uh. — **grunhiu** ele. — Sim, **era uma boa**.

Perdendo o interesse no rapaz de poucas palavras, Quitéria voltou a sua atenção para o velho afundado numa poltrona no canto da sala. Parecia adormecido com a cabeça caída para a frente. A **bengala**, onde se tinha apoiado para se sentar, estava agora tombada aos pés enfiados em **pantufas gastas**. Este devia ser o Sr. Silvano, o dono da casa, pensou Quitéria. Realmente parecia pronto para se mudar para um lugar mais permanente.

Quitéria não conseguia imaginar como é que ele seria capaz de manter uma casa deste tamanho quando nem se conseguia manter acordado durante o dia. Numa segunda poltrona ao lado do velhote, sobre uma almofada esbatida por anos de um **rabo** não menor do que o de Quitéria, dormia um gato preto. Mesmo sem **festas**, o felino de olhos semicerrados **ronronava** como uma panela de água a ferver.

## Glossário

**bengala** (f, -s): pau comprido usado com a mão para apoiar o corpo ou para ajudar a andar

*O meu avô é aquele senhor ali ao fundo que se está a apoiar numa bengala.*

**cabeludo(s)/a(s)**: com muito cabelo

*Aquela criança é mesmo cabeluda. Parece que tem a juba de um leão.*

**deixar o rabo quadrado**: (expressão) o que um assento desconfortável/rijo provoca quando alguém se senta lá durante algum tempo

*Sempre que ando de bicicleta, o selim deixa-me o rabo quadrado.* (= *Sempre que ando de bicicleta fico com o rabo quadrado por causa do selim.*)

**era uma boa**: (expressão coloquial) era fixe; seria fixe

*Era uma boa que o teu pai te deixasse sair hoje à noite comigo.*

**festa** (f, -s): carícia feita com a mão

*O meu gato adora que eu lhe faça festas, especialmente atrás das orelhas.*

**gasto(s)/a(s)**: usado; velho; deteriorado

*Os meus pneus da frente estão super gastos. Já não posso conduzir se estiver a chover. Posso ter um acidente.*

**grunhir** (grunhiu): o som que o porco faz (ou que se lhe assemelha); resmungar

*O velho na cama grunhiu como um animal selvagem quando se levantou.*

**miúdo** (m, -s): criança do sexo masculino; rapaz

*Os miúdos andam sempre aqui a tentar roubar doces e chocolates.*

**pairar sobre** (pairava sobre): estar suspenso sobre

*Uma águia pairava à procura de um coelho para caçar.*

**pantufa** (f, -s): chinelo ou sapato confortável para usar em casa

*Sempre que estou em casa, calço as minhas pantufas para ficar com os pés quentinhos.*

**poeirento(s)/a(s)**: com muito pó

*Nunca tinha visto um sofá tão poeirento quanto o do Rui. Parecia que ninguém se sentava lá há anos.*

**rabo** (m, -s): as nádegas; traseiro

*O Joaquim passou por mim no escritório e deu-me uma palmada no rabo. Que lata!*

**recostar-se em** (recostou-se na): encostar-se confortavelmente; deitar-se

*O pai do Rui estava muito cansado, por isso recostou-se no sofá. Infelizmente, começou a espirrar porque era muito poeirento.*

**ronronar** (ronronava): som que um gato faz quando está a receber festas ou está confortável; fazer ronrom

*O Tareco ronronava sempre que lhe fazia festas na barriga.*

## Resumo

Numa sala dentro da casa, dois visitantes esperavam pela agente imobiliária que tinha ido receber novos visitantes. A Quitéria, uma das possíveis compradoras, estava sentada numa cadeira. Ela observou o outro visitante, um jovem de cabelos compridos. A Quitéria achava que era uma boa conhecedora de pessoas e acreditava que ele não devia ter dinheiro para comprar a casa.

A Quitéria observou também o outro ocupante da sala. O velho Sr. Silvano, o dono da casa, que estava a dormir numa poltrona. Ela achava que ele já não estava em condições de tratar da mansão.

Finalmente, ela observou o gato preto que dormia numa poltrona ao lado do velho.

## 3.1

*áudio 07:54*

Quitéria olhou em volta e observou as partículas de pó a **rodopiar** na luz amarelada do candeeiro. Esta casa era ideal para o que **tinha em mente**. As suas velhas clientes de **bata** e cheiro a cebola **refogada** estavam habituadas a entrar num bloco de apartamentos para contactar com os seus **entes queridos** no **além**. Mas estava difícil **angariar** nova clientela, com a crise e tudo mais... De certeza que uma senhora **endinheirada**, com palpitações e **malinha de marca**, apreciaria muito mais o ambiente autêntico desta velha mansão. Uma médium **que se prezasse** precisava de um ambiente **propício** às mensagens do outro lado. **Afinal de contas**, não era muito difícil convencer as pessoas do seu poder de médium. Alguns truques simples eram o suficiente para as enganar. Talvez o velho de bengala deixasse lá o gato depois de vender a casa. Seria um excelente acessório.

Quitéria estava a ser **embalada** pelo som das ondas à distância, **prestes a juntar-se** ao velho de bengala no mundo dos sonhos, quando passos se aproximaram da salinha. A bela agente imobiliária vinha de olhos **esbugalhados**.

— Há algum problema? — perguntou o jovem cabeludo a enfiar as mãos **calejadas** nos bolsos.

— Problema, André? — repetiu Áurea a olhar para o rapaz **como se lhe fosse implorar ajuda**. Depois, expôs novamente o seu sorriso incandescente **recuperando a compostura**. — O único problema é que esta casa ainda não foi vendida! Vamos lá ver que maravilhas tem por descobrir!

Com os saltos dos sapatos a tocar **tambor** no chão de madeira, Áurea atravessou o espaço e abriu duas grandes portadas de vidro. Quitéria ouviu os sons abafados de espanto dos outros ocupantes da sala. Antes de descobrir o que tinha causado a reação, Quitéria **tirou as medidas** ao casal que tinha acabado de entrar na salinha. Roupas de qualidade, a chave de um carro que custava o preço de uma casa a balouçar de um dedo, sapatos lustrosos.

Quitéria não gostou do que viu. Estes iam ser a sua verdadeira competição pela velha mansão. A não ser que arranjasse maneira de lhes estragar os planos. Não devia ser difícil. A mulher de cabelos negros tinha os seus olhos descaídos presos na cabeleira loura de Áurea. O homem olhava para a sua mulher e para a agente imobiliária com olhos nervosos. Sim, ia ser fácil.

## Glossário

**afinal de contas**: no final; em conclusão

*Afinal de contas, não tinhas nenhum cão em casa, como me tinhas dito!*

**além** (m, -): a vida depois da morte

*O além, no plano espiritual, é a realidade extrafísica onde os espíritos se encontram.*

**angariar**: reunir; obter; recrutar

*Tenho de angariar pessoas da minha equipa para votarem a favor da minha proposta.*

**bata** (f, -s): peça de roupa feminina comprida, que cobre e tronco e não tem mangas, geralmente usada para proteger a roupa nas diversas tarefas domésticas

*A minha vizinha anda muitas vezes de bata porque está sempre na cozinha a cozinhar.*

**calejado(s)/a(s)**: com calos; que tem a pele endurecida

*Diz-se que os monges shaolin dão socos na madeira para calejar e fortalecer as mãos.*

**como se (ela) lhe fosse implorar ajuda** (como se + pretérito imperfeito do conjuntivo):

*Ela abriu a boca como se fosse falar, mas não disse nada.*

**embalado(s)/a(s)**: adormecido com movimento

*O bebé foi embalado no berço pela mãe.*

**endinheirado(s)/a(s)**: pessoa com muito dinheiro; rico

*O meu padrinho é endinheirado. Tem uma casa em Nova Iorque.*

**ente querido** (m, -s -s): pessoa chegada, do círculo de familiares e amigos

*O funeral serve para o morto ser celebrado pelos seus entes queridos.*

**esbugalhado(s)/a(s)**: diz-se de um olho muito aberto, que parece que vai sair da cara

*Tinha os olhos esbugalhados, como os de uma mosca.*

**malinha de marca** (f, -s -): mala que é de uma marca de qualidade, conhecida e/ou cara

*No seu braço estava pendurada uma malinha de marca que tinha custado mais de mil euros.*

**prestes a juntar-se a**: quase a juntar-se a

*Fizeram-lhe uma lavagem cerebral. Ele estava prestes a juntar-se a um culto.*

**propício(s)/a(s) a**: favorável a; ser bom para

*O espaço à volta do lago é propício à realização deste evento porque podemos pôr o palco sobre a água.*

**recuperar a compostura** (recuperando a compostura): controlar-se; acalmar-se

*O maratonista tropeçou, mas recuperou a compostura sem problemas. Tinha muita experiência.*

**refogada(s)/o(s)**: alimento (cebola, alho), frito em azeite (ou outra gordura) que serve como base para um cozinhado

*Não gosto muito de comida refogada, mas é tradicional em Portugal.*

**rodopiar**: girar; dar voltas

*Bebi demasiados shots. Estou com a cabeça a rodopiar.*

**tambor** (m, -es): instrumento musical de percussão, geralmente de forma cilíndrica

*A tribo canibal começou a tocar tambor assim que viu um barco de turistas a chegar.*

**ter em mente** (tinha em mente): ter como intenção; lembrar-se

*Este hotel não era o que eu tinha em mente para as minhas férias. Esperava algo melhor.*

**tirar as medidas a** (tirou as medidas): analisar algo de modo superficial para formar uma opinião

*A Ana observou o novo vizinho da janela e tirou-lhe as medidas antes de dizer o que achava dele.*

**que se prezasse** (também usado no presente: que se preze): profissional que queira ser de qualidade, que tenha ética

*Um cozinheiro que se preze não gosta de cozinhar com ingredientes que não sejam frescos.*

## Resumo

A Quitéria achava que a casa era boa para o que ela queria. Ela era médium e estava com problemas em conseguir novas clientes. Uma mansão velha como aquela seria boa para arranjar clientes com mais dinheiro. O ambiente seria melhor do que o que tinha no seu apartamento. Ela achava que era fácil convencer as pessoas de que ela era uma médium a sério, bastavam uns truques.

Quando a Quitéria estava quase a adormecer, a agente imobiliária entrou na sala. Parecia que vinha assustada e o jovem de cabelos compridos perguntou-lhe se estava tudo bem. A Áurea aparentemente recuperou do susto e abriu as portas para outra parte da casa que ainda não tinham visto.

A Quitéria observou o novo casal que vinha com ela. Achou que tinham dinheiro, por isso seriam a sua competição na luta pela casa. No entanto, reparou que havia tensão entre o casal e a agente imobiliária. Talvez não fosse assim tão difícil vencê-los.

# 4.

*áudio 10:40*

**Além das portadas** revelou-se um imenso espaço onde a luz caía em cascata pelo teto de vidro **abobadado**. André, o rapaz de cabelos compridos, encheu o peito de ar ao ver o interior do que parecia ser uma **estufa repleta** de árvores e plantas exóticas já pouco **verdejantes.**

Uma escada metálica subia como uma **trepadeira curvilínea** até a uma varanda interior no primeiro andar. A **espreitar** por entre duas palmeiras **meio tombadas**, uma **piscina em forma de rim** equilibrava na sua superfície **esverdeada** dois **nenúfares** com flores **murchas**.

— Uau! — disse André.

— Eu sei. É incrível. — disse Áurea a saltitar por entre os potes; os braços abertos como o criador do Universo a explicar o paraíso ao **comum dos mortais**. — Foi o Sr. Silvano que construiu esta escada com as próprias mãos.

Com um dedo bem **manicurado** apontou para uma fotografia de **cores gastas** na parede. Nela via-se o que devia ser o Sr. Silvano e a sua mulher na juventude. Ele dizia-lhe qualquer coisa ao ouvido e ela escondia um sorriso **malandro** com os dedos a tapar a boca.

Quitéria olhou para o homem perto de si, **debruçado sobre** uma bengala, e sentiu uma **pontada de compaixão**. Era notória a diferença entre o antes e o depois. As suas mãos enrugadas, sem a força de **outrora**, tinham claramente deixado de tratar da casa e de limpar os caminhos do bosque que rodeavam a mansão. O mato crescia **desenfreado** como um incêndio de verão.

## Glossário

**abobadado(s)/a(s)**: com forma de abóbada; com forma côncava

*A cisterna era enorme e tinha um teto abobadado. O som no seu interior era magnífico, por isso o coro da igreja tinha decidido fazer lá o seu concerto de Natal.*

**além das portadas**: para lá das portadas; do outro lado das portadas

*O João abriu a janela e, além das portadas, viu o jardim mais exótico que alguma vez vira.*

**comum dos mortais** (m): pessoa comum

*Correr assim não é possível para o comum dos mortais. Ele deve ser um super-herói.*

**cor gasta** (f, -es -s): cor esbatida devido ao uso

*A blusa já tinha sido lavada tantas vezes que tinha a cor gasta.*

**curvilíneo(s)/a(s)**: curvo; com forma curva

*A Joana tem um corpo curvilíneo. E eu adoro curvas!*

**debruçado sobre**: inclinado sobre

*Todos os dias, ele fuma um cigarro debruçado sobre a janela do seu quarto.*

**desenfreado(s)/a(s)**: sem moderação; sem travões

*O cavalo corria desenfreado, acabando mesmo por ganhar a corrida.*

**em forma de**: com a forma de

*Quando eu era pequenino, dormia sempre com um peluche em forma de estrela.*

**espreitar**: olhar sem ser visto; espiar

*Deixa-me espreitar pelo buraco da fechadura. Quero ver o que eles estão a fazer.*

**estufa** (f, -s): espaço exterior envidraçado onde se mantêm plantas

*O meu avô tinha uma estufa onde tratava de orquídeas raras.*

**esverdeado(s) / a(s)**: em tons de verde ou cor parecida

*A cor do carro suscitou algumas dúvidas. Alguns diziam que era esverdeado, outros diziam que era azulado.*

**malandro(s) / a(s)**: desavergonhado; maroto; brincalhão

*O teu filho é mesmo malandro. Faz asneiras e depois culpa os outros!*

**manicurado(s) / a(s)**: com a manicure feita (manicure: tratamento de beleza das unhas e das mãos)

*A gerente da loja tinha as unhas manicuradas, pintadas de vermelho.*

**meio tombado(s) / a(s)**: meio caído; não completamente caído

*Havia muitas árvores meio tombadas devido aos efeitos da tempestade.*

**murcho(s) / a(s)**: que perdeu a frescura; que definhou

*Se não regas as plantas, elas ficam todas murchas e acabam por morrer.*

**nenúfar** (m, -es): planta aquática que dá flores grandes e cujas folhas flutuam na superfície da água

*No lago havia três rãs a apanhar sol na folha de um nenúfar.*

**outrora**: outra altura; antigamente

*As coisas já não são como eram outrora. Agora os jovens só querem andar agarrados aos telemóveis.*

**piscina** (f, -s): tanque com água que serve para nadar

*Esta piscina tem oito pistas, por isso há muito espaço para várias turmas de natação.*

**pontada de compaixão** (f, -s -): um pouco de compaixão (empatia)

*O assassino não demonstrou uma pontada de compaixão enquanto cometia o crime.*

**repleto(s)/a(s)**: cheio

*Os aviões estavam todos repletos de turistas prontos para passar as férias num local quente.*

**rim** (m, -ns): cada um dos dois órgãos do sistema urinário

*O José deu um dos seus rins ao irmão que precisava de um transplante.*

**trepadeira** (f, -s): planta que trepa/sobe

*O meu tio tinha o muro do jardim cheio de trepadeiras. Nem se conseguia ver de que era feito o muro.*

**verdejante(s)**: verde; que se refere a plantas, natureza

*O comboio passou por planícies verdejantes. A vista da janela era magnífica.*

## Resumo

O novo espaço para onde Áurea levou os visitantes era uma estufa interior que deixou todos impressionados. O espaço estava cheio de árvores e plantas, mas já um pouco em mau estado. Tinha também uma escada curva até ao andar superior e uma piscina.

O André pareceu gostar do que viu. A Áurea explicou que o dono da casa, o Sr. Silvano, tinha construído a escada de metal. Mostrou a todos uma fotografia do homem com a sua mulher quando eram novos.

Quitéria observou o velho apoiado na bengala e sentiu pena dele. Já não tinha a mesma energia de antigamente. Já não conseguia tomar conta da casa e do terreno à volta.

## 4.1

*áudio 12:30*

— Já não tratam deste espaço? — perguntou o rapaz.

— Infelizmente, não. — respondeu Áurea. — A esposa do Sr. Silvano, a dona Lina, é que tratava das plantas. Mas desde que faleceu, **há coisa de** dois meses, têm ficado cada vez mais **débeis**.

Quitéria, a ouvir a conversa, viu o velho Silvano passar a mão pelos **raros cabelos como se ajeitasse um chapéu**. Tinha os olhos presos numa **racha** na parede.

Os visitantes da casa espalharam-se pela estufa, apreciando os pormenores arquitetónicos orgânicos.

Áurea e André aproximaram-se de uma trepadeira de folhas **azuladas**, **enroscada** na balaustrada da escada. O rapaz **aconchegou** uma das folhas **moribundas** na palma da mão.

— É uma pena. — disse ele.

— Vejo que gostaria de se dedicar ao projeto de reabilitar esta magnífica estufa. — disse a agente imobiliária.

— **Não é que me importasse**.

— Mas? — perguntou ela inclinando a cabeça, de olhos **semicerrados**. — Não tem dinheiro?

O rapaz de **cabeleira farta** deu uma guinada ao pescoço. Tinha sido apanhado. Sentiu as bochechas a aquecer, mas **teve**

**esperança de que não se notasse** acima do **rubor** natural que já tinham.

## Glossário

**aconchegar** (aconchegou): chegar algo para muito perto de si

*Cheguei a casa, aconcheguei-me nos cobertores e adormeci cinco minutos depois.*

**azulado(s)/a(s)**: em tons de azul ou cor parecida

*Eu acho que a cor deste carro é um azulado, mas o meu marido diz que é claramente verde.*

**cabeleira farta** (f, -s -s): uma cabeça com muito cabelo

*Ele penteou a sua cabeleira farta durante meia hora, mas continuava a parecer a juba de um leão.*

**como se ajeitasse um chapéu**: como se + imperfeito do conjuntivo (ajeitar: acomodar; pôr bem)

*O meu avô levava constantemente a mão ao nariz, como se ajeitasse uns óculos que não estavam lá.*

**débil (débeis)**: fraco; frágil

*O homem estava débil porque tinha atravessado o deserto a pé.*

**enroscada(s)/o(s) em**: enrolado em

*A cobra estava enroscada no tronco da árvore, à espera de uma presa.*

**há coisa de**: há aproximadamente

*A tua encomenda chegou aqui há coisa de duas horas.*

**moribundo(s)/a(s)**: a morrer

*Esta planta está moribunda porque ninguém lhe dá água.*

**não é que me importasse**: eu até gostaria

*Não é que me importasse de te ajudar, mas não tenho tempo agora.*

**racha** (f, -s): fenda; greta

*O meu quarto antigo estava cheio de rachas na parede por causa do terramoto.*

**raros cabelos**: muito poucos cabelos

*O bebé já tinha dois anos, mas ainda só tinha raros cabelos.*

**rubor** (m, -es): vermelhidão na cara

*O agricultor tinha sempre um rubor no rosto devido ao esforço e ao sol.*

**semicerrado(s)/a(s)**: meio fechado

*Sempre que saio de casa de manhã, tenho de ter os olhos semicerrados para não me cegar. Sou muito sensível à luz.*

**teve esperança de que não se notasse** (ter esperança de que + imperfeito do conjuntivo):

*O ladrão tinha o dinheiro roubado escondido no bolso, mas tinha esperança de que não se notasse.*

## Resumo

O André falou com a Áurea. Ela disse-lhe que a mulher do Sr. Silvano tinha morrido há poucos meses. Ela chamava-se Lina e era ela que tratava das plantas.

A Áurea perguntou ao rapaz se ele gostaria de recuperar a estufa e ele respondeu afirmativamente. Ela perguntou-lhe se ele tinha dinheiro para isso e ele sentiu-se envergonhado.

A Quitéria observou de novo o velho Silvano que estava, aparentemente, sem prestar atenção ao que se passava à sua volta.

## 5.

*áudio 14:05*

Quitéria observou Josefina a abraçar o corpo com as mãos frias, olhando para o espaço sem vontade. A luz que entrava pelos vidros **tinha desmaiado** para um cinzento de tempestade, fazendo surgir sombras que não estavam lá há pouco. Carlos parecia ter recuperado do aparente **susto que tinha levado** quando chegaram e tinha um sorriso desagradável **estampado na cara**. Quitéria achava que havia algo de estranho entre o casal e a agente imobiliária.

A médium aproximou-se do dono da casa. Parecia estar a mastigar qualquer coisa. Ou será que estava a falar sozinho?

— Tem aqui uma bela casa. — disse ela. Ele ignorou-a. — Tem aqui uma bela casa! — repetiu ela, alto.

O velho piscou os olhos e levantou-os lentamente na sua direção. Ela apercebeu-se, com alguma surpresa, de que tinha um olhar inteligente e **algo arreliado, como se não esperasse que alguém reparasse na sua presença**.

### Glossário

**algo arreliado**: um bocado chateado; um bocado zangado

*Eu hoje acordei algo arreliado devido ao barulho das obras do vizinho de cima.*

**como se não esperasse que alguém reparasse na sua presença** (como se + imperfeito do conjuntivo)

*O aluno sentado em frente à professora mexia as pernas, como se tivesse com pressa para sair.*

**desmaiar** (tinha desmaiado): perder a consciência durante um curto período de tempo

*Ninguém reparou que ele tinha desmaiado. Pensavam que estava a dormir, por isso ninguém chamou uma ambulância.*

**estampado na cara**: gravado na cara; marcado na cara; com expressão evidente

*O rapaz ficou imediatamente apaixonado e não conseguia esconder o sorriso que tinha estampado na cara.*

**levar um susto** (susto que tinha levado): assustar-se

*Quando o teu avô saiu da despensa aos gritos, levámos todos um enorme susto!*

## Resumo

A Quitéria continuou a observar os outros visitantes. A Josefina parecia ter perdido a vontade de estar ali. O Carlos, por outro lado, parecia estar de novo em controlo, com um sorriso.

A médium perguntou-se qual seria o problema entre o casal e a agente imobiliária. Depois, falou com o velho Silvano, mas ele não lhe respondeu. Ela achava que ele parecia inteligente, mas um pouco irritado por ela ter falado com ele.

## 5.1

*áudio 15:13*

— Hmm. — respondeu o Sr. Silvano, **de modo vago**.

— **Lamento muito que tenha de vender a sua casa**. **Imagino que esteja na família há muitos anos**.

Ele não respondeu. Lançou um olhar rápido ao gato preto que se espreguiçava de orelhas para trás a alguma distância. Ela continuou:

— **Acredito que já lhe seja difícil manter esta casa**. E estas plantas exóticas. **Se não são cuidadas diariamente**, acabam por morrer. **Talvez eu pudesse**... — a médium apertou uma flor de trepadeira murcha entre os dedos gordos e puxou-a, largando-a de seguida no chão.

O gato, que se **lambia** bucolicamente nas proximidades, saltou como um felino **de grande porte** na direção dela, **rasgando**-lhe dois traços finos nas costas da mão. Quitéria gritou e deu dois passos para trás agarrando a ferida com a outra mão. Os ocupantes da estufa viraram-se, espantados.

— Oh, meu Deus, Quitéria! — exclamou Áurea, **trotando** até ela. — Peço imensa desculpa. Esse gato é uma **peste**. Nem sei de onde vem, mas consegue sempre entrar na casa.

— Não faz mal. Se calhar, o gato está só a defender os seus domínios. — disse Quitéria.

— Carlos, **não tens um lenço que possas oferecer à senhora**? — perguntou Josefina ao marido. Ele lançou-lhe um olhar afiado, mas fez o que lhe era pedido.

Quando saíram da estufa, Quitéria olhou para o gato preto que, de volta às limpezas com uma perna esticada acima da cabeça, se lambia como um **contorcionista**. O velho dono da casa, ainda na sombra da escada sinuosa, olhava para Quitéria com o que lhe pareceu ser um sorriso nos lábios.

## Glossário

**acredito que já lhe seja difícil manter esta casa** (acreditar que + presente do conjuntivo)

*Já tem alguma idade, portanto acredito que já lhe seja difícil subir as escadas.*

**contorcionista(s)**: pessoa que é capaz de contorcer (torcer muito) várias partes do corpo

*Eu já vim ao circo muitas vezes, mas nunca vi um contorcionista.*

**de grande porte**: grande (usado para definir o tamanho de animais)

*Os elefantes são animais de grande porte.*

**de modo vago**: vagamente; sem entrar em detalhes

*Ele explicou a situação, mas explicou-a de um modo vago. Ninguém percebeu do que estava a falar.*

**imagino que esteja na família há muitos anos** (imaginar que + presente do conjuntivo)

*Deve ser difícil terem que se despedir do cão. Imagino que seja como um elemento da família.*

**lamber** (lambia): passar a língua por uma parte do corpo, alimento, prato, etc.

*Joãozinho, não se lambe o prato. É má educação.*

**lamento muito que tenha de vender a sua casa** (lamentar que + presente do conjuntivo)

*Lamento muito que tenha de vender a sua casa. Eu sei o valor que ela tem para si.*

**murcho(s)/a(s)**: que perdeu a frescura; que definhou

*Se não regas as plantas, elas ficam todas murchas e acabam por morrer.*

**não tens um lenço que possas oferecer à senhora** (elemento indefinido [um lenço] + que + presente do conjuntivo)

*Não tens um euro que me possas emprestar?*

**peste** (f, -s): diabrete; pessoa irrequieta (ou animal) ou que se porta mal

*O teu filho é uma peste. Porta-se muito mal e está sempre aos gritos.*

**rasgar** (rasgando): ferir; fazer um golpe

*O espinho de rosa rasgou-lhe a pele.*

**se não são cuidadas diariamente, acabam por morrer** (são cuidadas: passiva)

*Os jardins são cuidados pelos jardineiros diariamente.* (= *Os jardineiros cuidam dos jardins diariamente.*)

**talvez eu pudesse** (talvez + imperfeito do conjuntivo)

*Talvez tu pudesses ser um pouco mais simpático com os clientes.*

**trotar** (trotando): o modo de andar de um cavalo

*Os cavalos arrancaram, trotando até ao horizonte.*

## Resumo

A Quitéria continuou a falar com o dono da casa sem sucesso. Ele olhou para o gato.

A médium pegou numa flor morta e deixou-a cair no chão. O gato atacou-a, fazendo-lhe dois arranhões na mão.

A Áurea foi até perto da Quitéria e pediu desculpa pelo gato. A Josefina pediu ao marido para dar um lenço à Quitéria para ela o colocar sobre a ferida.

Quando saíram da estuda, a Quitéria viu o gato a lamber-se e o Sr. Silvano a sorrir para ela.

# 6.

*áudio 17:16*

O grupo entrou na biblioteca; as suas vozes abafadas pelo **sucedido** na estufa. Josefina pareceu apreciar o recolhimento sombrio oferecido pelo espaço repleto de livros. Uma única poltrona num canto era observada por um candeeiro de pé torto. Carlos **olhou de soslaio** para Áurea enquanto Josefina se **entretinha** a ler as **lombadas** dos livros. A agente imobiliária parecia estar a perder a energia. Ela esfregou as mãos uma na outra e **deu um grande suspiro** antes de começar a falar.

— Bom. Aqui estamos na biblioteca. Como podem ver está repleta de estantes a toda a volta. Os livros ficam com a casa, por isso **se algum dos senhores estiver interessado** em desenvolver aqui um albergue turístico, terá muito com que entreter os hóspedes. — disse a agente com o tom pragmático de quem não tem tempo a perder.

— Não sei se "A metafísica existencialista" será uma leitura muito leve para alguém de férias. — disse Carlos de cabeça inclinada a ler os títulos. Áurea não se riu da sua **piada** e ele sentiu uma pontada de desilusão no peito. Ele olhou para os restantes à espera de uma reação, sem sucesso. Malditos **pobretanas**, pensou Carlos, a **puxar de um cigarro**.

— Desculpe, mas o senhor não pode fumar aqui. — disse Áurea. Os seus olhos tinham-se tornado duas amêndoas **agridoces**. — **Se quiser pode ir lá fora**. Há ali uma porta para as **traseiras**.

**Dito isto**, a loura atravessou o espaço até aos pesados cortinados que afastou com um **esticão**. **Antes que pudesse abrir a porta envidraçada**, gritou e perdeu a força nas pernas. Depois, ficou sentada no chão.

## Glossário

**agridoce(s)**: que é doce e ácido simultaneamente

*Esta receita inclui um molho agridoce, mas nem toda a gente gosta.*

**antes que pudesse abrir a porta envidraçada** (antes que + imperfeito do conjuntivo)

*Entrei para o comboio antes que as portas se fechassem. Foi mesmo a tempo.*

**dar um suspiro** (deu um grande suspiro): suspirar

*Quando ele viu que ainda tinha mais três horas de trabalho pela frente, deu um grande suspiro.*

**dito isto**: depois de dizer isto

*O cliente disse que não ia pagar a conta porque tinha uma mosca na sopa. E dito isto, levantou-se e foi-se embora.*

**entreter-se a** (se entretinha a): divertir-se a; ocupar o tempo de modo agradável com

*Ele comia enquanto ela se entretinha a ler um livro para passar o tempo.*

**esticão**: grande puxão (puxão: puxar com força)

*Primeiro deu um esticão na corda, para a testar, depois começou a trepá-la.*

**lombada** (f,-s): parte lateral de um livro onde se pode ler o título

*Eu tenho todos os livros do Harry Potter e quando se juntam todas as suas lombadas, forma-se um desenho.*

**olhar de soslaio** (olhou de soslaio): olhar de lado; olhar de esguelha; fazer um olhar desconfiado

*Quando o gato entrou pela porta da cozinha com algo na boca, o seu dono olhou de soslaio para ele.*

**piada** (f, -s): pequena história engraçada; coisa que se diz para rir

*A piada do advogado e do médico que entram num bar? Já conheço essa.*

**pobretana** (m/f, -s): (termo depreciativo) pessoa muito pobre; pessoa sem classe

*Malditos pobretanas. Vêm jantar ao restaurante e pagam com cupões de desconto.*

**puxar de um cigarro**: tirar um cigarro (do bolso, do pacote, etc.) para fumar

*Não sei se aguento a noite toda no avião sem puxar de um cigarro.*

**se algum dos senhores estiver interessado** (se + futuro do conjuntivo)

*Se tiveres tempo amanhã, podemos ir ao cinema.*

**se quiser pode ir lá fora** (se + futuro do conjuntivo)

*Se quiser ir apanhar ar, pode ir lá fora ao jardim.*

**sucedido** (m, -s): o que aconteceu

*Peço imensa desculpa pelo sucedido. Não se irá repetir.*

**traseiras** (f, -): parte de trás de um edifício

*Vai ao quintal que está nas traseiras da casa apanhar uma maçã da macieira.*

## Resumo

Os visitantes foram para a biblioteca. A Josefina pareceu gostar do espaço escuro. O Carlos olhou de lado para a agente imobiliária que parecia estar a ficar cansada.

A Áurea disse que os livros eram vendidos com a casa. O Carlos fez uma piada sobre um livro, mas nem ela nem os outros reagiram. Ele ficou desiludido e quis ir fumar um cigarro.

A Áurea disse-lhe que não podia fumar ali e que tinha de ir ao exterior. Ela foi abrir as portas, mas ao afastar os cortinados, gritou e caiu no chão.

## 6.1

*áudio 19:14*

A mulher gorda apressou-se a ir ver o que se tinha passado. Os outros, assim como Carlos, ficaram a uma distância segura.

— O que é que aconteceu? Sente-se bem? — perguntou Quitéria.

— Uma **dor aguda** no meu pé. — gemeu Áurea.

Quitéria seguiu o olhar até aos sapatos de salto alto da cor de pérolas marinhas. Um dos pés estava numa posição **contorcida**, com algo **espetado** na **sola**. A luz, cada vez mais ténue, refletiu-se no pedaço de vidro aguçado, **cravado** no pé da mulher. Espalhados pelo chão, outros **estilhaços reluzentes** esperavam mais um **incauto**.

— **Credo**! É um pedaço de vidro. — disse Quitéria. — Mas o que é que fazem estes **cacos** no chão? Deixe, eu tento tirá-lo.

— Carlos, não tens nada que a senhora possa usar para proteger a mão? — perguntou Josefina ao marido. Ele voltou a olhar para ela de lado.

— Outro lenço? — perguntou ele. Quando ela não lhe respondeu, Carlos suspirou e tirou outro lenço do bolso, estendendo-o à **mão papuda** da mulher. Quitéria **franziu o nariz**, mas aceitou a oferta.

O **puto** dos cabelos compridos aproximou-se de Áurea e colocou-lhe uma mão no ombro. Ela sorriu-lhe. A **lata** dele, pensou Carlos.

— Agora, **quando disser três**, vou puxar. — disse Quitéria, a molhar os lábios. — 1, 2,....

— Ah! — gritou Áurea quando Quitéria lhe tirou o vidro do pé. No meio da dor, a agente puxou o cortinado que **acabou por** lhe cair em cima. Carlos e André tentaram ajudá-la, mas, puxando **cada um para seu lado**, acabaram por cair os dois em cima dela no chão.

— Saiam-me de cima, já! — **rosnou** a agente imobiliária, irritada.

Carlos, abalado por ter caído em cima da mulher, tentou desviar o olhar. Foi aí que reparou que Quitéria **se tinha abstraído da cena** e olhava com atenção pela janela para as traseiras da casa.

## Glossário

**abstrair-se de** (se tinha abstraído da cena): distrair-se; focar-se noutra coisa

*O João estava muito confuso porque se tinha abstraído e não tinha prestado atenção à professora.*

**acabar por** (acabou por): finalmente acontecer uma coisa

*Ele tentou ficar acordado, mas acabou por adormecer. Já eram três da manhã.*

**caco** (m, -s): pedaço/fragmento de um objeto partido, geralmente vidro ou cerâmica

*O chão da sala está cheio de cacos da garrafa partida. Cuidado para não pisares nenhum.*

**cada um para seu lado**: ir cada pessoa numa direção diferente

*Estavam todos a discutir até que se calaram e foi cada um para seu lado.*

**contorcido(s)/a(s)**: que está muito torcido; torcido em diferentes direções

*O ramo da árvore estava todo contorcido por causa do vento.*

**cravado(s)/a(a) em**: enfiado com força em

*Ele tem um espinho de rosa cravado na mão.*

**credo**: interjeição de susto ou de desagrado

*Credo, não digas uma coisa dessas!*

**dor aguda** (f, -s -s): dor forte; dor intensa

*Ele sentiu uma dor aguda no peito e pensou que estava a ter um ataque cardíaco.*

**espetado(s)/a(s)**: enfiado em; pregado em; enterrado em

*Tens um prego espetado no pé. Como é que não sentes nada?*

**estilhaço** (m, -s): fragmento afiado de um objeto que se partiu

*O vidro partiu-se em dezenas de estilhaços. Foi um trabalhão, apanhar tudo à mão.*

**franzir o nariz** (franziu o nariz): enrugar o nariz

*Franziu o nariz assim que descobriu que o jantar era sopa de legumes e peixe cozido.*

**incauto(s)/a(s)**: pessoa que não tem cuidado/cautela; pessoa imprudente

*Ele atravessou a floresta de noite e, incauto, e acabou por tropeçar na raiz de uma árvore.*

**lata** (f, -): (coloquial) falta de vergonha; falta de descaramento

*Ele tem muita lata! Eu não conseguiria pedir assim tanto dinheiro emprestado. Principalmente, se eu tivesse um trabalho que paga bem como o dele.*

**mão papuda(s)**: com dedos gordos/inchados

*O padeiro amassou a massa do pão com duas mãos papudas.*

**puto** (m, -s): (coloquial) criança do sexo masculino

*Malditos putos! Já me partiram mais uma janela com a bola.*

**quando disser três** (quando + futuro do conjuntivo)

*Quando disser três, saltamos todos ao mesmo tempo. Um... dois... TRÊS!*

**reluzente(s)**: que brilha

*A menina tinha os olhos reluzentes quando entrou na fábrica dos presentes do Pai Natal.*

**rosnar** (rosnou): resmungar; o som que o cão faz quando está a ameaçar

*O cão rosnou quando eu me aproximei da comida dele.*

**sola** (f, -s): parte do sapato que toca no chão

*O peregrino tinha andado a pé durante tantos dias que tinha as solas gastas.*

## Resumo

A Quitéria aproximou-se da Áurea para ver o que tinha acontecido. A agente imobiliária tinha pisado num caco de vidro e tinha ferido o pé. Havia vários estilhaços no chão.

A médium disse que lhe ia tentar tirar o vidro do pé. A Josefina perguntou ao marido se ele não tinha nada que a pudesse ajudar. O Carlos deu outro lenço à Quitéria para proteger a mão. Ela aceitou-o, relutante.

O Carlos não gostou que o André tivesse colocado uma mão no ombro da Áurea para a apoiar.

A Quitéria conseguiu tirar o vidro do pé. Nesse instante de dor, a Áurea puxou o cortinado, que lhe caiu em cima. O Carlos e o André, ao tentarem tirar o cortinado, caíram em cima dela. A Áurea ficou irritada.

O Carlos reparou que a Quitéria estava a olhar pela janela.

## 6.2

*áudio 21:33*

— Olhem. Ali. — disse Quitéria, com o caco de vidro **ensanguentado** ainda na mão.

As faces dos outros visitantes rodaram na sua direção. Lá fora, os ramos dos pinheiros **entortavam-se** para a esquerda e para a direita como se se tentassem **libertar** do chão. O vento de norte **tinha atingido** a costa com toda a sua força e uma nuvem negra ameaçava rebentar em cima deles a qualquer momento.

— É só o vento, mulher. — disse Carlos, a **revirar** os olhos. Quitéria agarrou-lhe no braço como um **caranguejo**. A expressão dela tinha mudado. As sobrancelhas **arquearam** no centro da testa com a marca do terror.

— Não é o vento. Um **vulto**. Eu vi um vulto a passar ali atrás. Era uma pessoa. Era um fantasma! Eu... eu tenho a certeza. Não estou **louca**! — disse ela a subir o tom de voz como se já tivesse de **ter convencido** alguém disso antes.

O **rapazola** André abriu a porta envidraçada. O vento que entrou **de rompante** fez levantar o pó nas superfícies da biblioteca.

Como uma seta, o gato preto **esgueirou-se** para o exterior, desaparecendo por entre os troncos curvados.

## Glossário

**afogueado(s)/a(s)**: vermelho; corado

*A Ana teve de correr para o comboio e estava afogueada quando se sentou ao meu lado.*

**arquear** (arquearam): fazer um arco/curva; curvar

*Para fazer este exercício corretamente, os atletas devem arquear as costas.*

**atingir** (tinha atingido): acertar em

*A bola atingiu o jogador em cheio na cara.*

**caranguejo** (m, -s): crustáceo

*Vai ali um caranguejo na areia. São tão engraçados, sempre a andar de lado.*

**convencer alguém de** (como se já tivesse de ter convencido alguém disso antes): persuadir alguém de

*Ela deu uma cotovelada ao marido quando ele começou a falar com o vizinho. Já sabia que ele não ia parar de falar, e ela não tinha tempo.*

**de rompante**: com rapidez; subitamente

*A Joana lembrou-se de que tinha deixado o fogão ligado, por isso entrou na cozinha de rompante.*

**ensanguentado(s)/a(s)**: coberto com sangue; salpicado de sangue

*Eles caminharam tanto durante a peregrinação que quando chegaram a casa tinham as meias ensanguentadas.*

**entortar-se** (entortavam-se): torcer; tornar torto

*A árvore de Natal estava tão coberta de decorações que se estava a começar a entortar.*

**esgueirar-se** (esgueirou-se): fugir de um lugar sem se ser notado; sair rapidamente sem chamar a atenção

*Tu não estavas a gostar da palestra, então esgueiraste-te para fora do auditório.*

**libertar-se de** (como se se tentassem libertar do chão): tentar ficar livre de; fazer para ficar em liberdade

*As folhas abanavam nas árvores com o vento, como se se tentassem libertar dos ramos.*

**louco(s)/a(s)**: maluco; demente

*Ele gritava tanto que parecia louco, mas estava só a festejar o golo da sua equipa.*

**rapazola** (m, -s): rapaz crescido; homem que age como um rapaz

*Quem é aquele rapazola que estava aqui. É filho do Fernando? Como ele cresceu!*

**revirar (os olhos)**: retorcer os olhos; rodar os olhos para cima

*Vai já arrumar o teu quarto! E não adianta revirares os olhos. Não gosto dessa atitude.*

**vulto** (m, -s): figura que não se consegue reconhecer (pode ser uma pessoa, animal, etc.)

*Não consegui perceber o que era o vulto que passou lá fora. Tanto podia ser uma criança como um cão grande.*

## Resumo

A Quitéria pediu para olharem pela janela. No exterior viram uma tempestade a formar-se.

O Carlos disse-lhe que era só o vento, mas ela disse que tinha visto um fantasma e que não estava maluca.

O André abriu a porta de vidro e muito vento entrou na biblioteca. O gato saiu lá para fora e desapareceu.

## 6.3

*áudio 22:51*

— Vou espreitar lá fora. — disse o puto das mãos sujas a agarrar o cabelo. Josefina fechou a porta atrás dele, meteu as **mãos em concha** na janela e olhou para a tempestade que se aproximava. Depois, disse:

— O dia está a virar. Acho que devíamos ir embora **antes que fiquemos presos aqui** com a **chuvada** que aí vem. Além do mais, esta história de um vulto não me está a agradar. E se alguém se aproveita da tempestade para vir assaltar esta casa?

Áurea levantou-se com dificuldade, deixando o sapato estragado no chão. Agora parecia um verdadeiro fantasma, branca de alto a baixo.

— **Eu sugiro irmos até à cozinha e bebermos todos um chá quente**. **Isto há de ser um aguaceiro**. Podemos ir todos embora de seguida. Se não se importam, eu vou terminar esta visita agora. — disse ela, sacudindo a roupa.

— Mas ainda não vimos o piso de cima. — disse Carlos.

Josefina olhou-o com aquela cara que ela fazia quando achava que ele estava a ser um idiota. Ultimamente, nunca tirava aquela cara.

— Consegues mesmo ser uma **bestinha**, às vezes. — disse ela, ajudando Áurea a sair da biblioteca.

**Vejam bem**. Aquelas duas já se tinham juntado contra ele. As mulheres eram mesmo todas iguais, pensou ele.

— Não querem esperar pelo rapaz que foi lá fora? — perguntou Quitéria de mãos no peito.

— O que foi à procura do fantasma? — perguntou Carlos. — Não se preocupe, não vai encontrar nada. Ou acha mesmo que acredito na sua história? Se me quer convencer de que a casa está **assombrada** para me fazer desistir de a comprar, vai **ter uma desilusão**. Eu não nasci ontem.

Quitéria **bufou**, com o queixo enfiado no peito, e deixou-se ficar para trás à espera de André.

## Glossário

**antes que fiquemos presos aqui** (antes que + presente do conjuntivo)

*Faz um desvio para encher o depósito, antes que fiquemos aqui sem gasolina.*

**assombrada(s)/o(s)**: lugar habitado por um fantasma

*Toda a gente diz que esta casa está assombrada, mas eu ainda não vi nada fora do normal.*

**bestinha**: (coloquial) pessoa rude; pessoa mal-educada

*Não tens sensibilidade nenhuma, por isso não me surpreende que ela te tenha chamado de bestinha.*

**bufar** (bufou): expirar com força, geralmente quando se está chateado

*Ele ia a bufar quando saiu do escritório. Parecia chateado. Se calhar foi despedido.*

**chuvada** (f, -s): chuva forte

*Temos de nos despachar para não apanharmos a próxima chuvada. É que não temos chapéu-de-chuva.*

**eu sugiro irmos até à cozinha e bebermos todos um chá quente** (sugerir + infinitivo pessoal)

*Hoje está bastante frio. Eu sugiro ficarmos em casa.*

**isto há de ser um aguaceiro**: isto provavelmente será um aguaceiro (aguaceiro: chuva forte)

*Esta é a primeira consulta do dia, por isso há de ser rápido.*

**mãos em concha**: mãos juntas para formar uma superfície côncava; mãos em forma de tigela

*Quando era miúdo e tinha sede, punha as mãos em concha por baixo da fonte da escola para poder beber água.*

**ter uma desilusão**: decepcionar-se

*Eu sei que tinha as expectativas altas, mas nunca esperei ter uma desilusão assim tão grande.*

**vejam bem**: (expressão) quem diria (usada para expressar surpresa, sarcasmo)

*Olha ali a nossa vizinha a sair dum Porsche. Vejam bem. Ainda ontem ia de autocarro para o trabalho e agora já é fina.*

## Resumo

O André disse que ia ver no exterior da casa.

A Josefina olhou pela janela e achou que era melhor irem embora antes que a tempestade ficasse pior. Também tinha medo que a pessoa que a Quitéria tinha visto no exterior fosse um assaltante.

A Áurea, com a ferida no pé, disse para irem até à cozinha beber um chá. Depois podiam ir embora. Além disso, ela ia terminar a visita naquele momento.

O Carlos disse que ainda não tinha visto tudo, mas a Josefina achava que ele estava a ser parvo. Depois, a mulher ajudou a Áurea a sair da biblioteca. O marido não gostou do que viu e falou mal das mulheres na sua cabeça.

A Quitéria perguntou se não queriam esperar pelo André que tinha ido lá fora. O Carlos disse que não acreditava que ela tivesse visto uma pessoa no exterior. Ele achava que ela queria ele pensasse que a mansão tinha fantasmas, mas ele não ia desistir de comprar a casa.

A Quitéria ficou à espera do André.

## 7.

*áudio 24:52*

A chuva começou a **fustigar** os vidros e o vento assobiava por entre as **telhas** soltas no telhado. O dono da casa tinha entretanto chegado à biblioteca e tinha-se sentado na poltrona solitária. Parecia ter adormecido novamente com um livro sobre as pernas débeis. Quitéria aproximou-se do Sr. Silvano para confirmar que ainda respirava. Achava incrível como os velhotes tinham uma **respiração** tão suave que nem se via o peito a subir e a descer.

A médium inclinou a cabeça e leu o título na lombada do livro. "O mercado imobiliário em tempos de crise".

Quitéria desistiu de esperar pelo rapaz e saiu da biblioteca. Ouviu o som de uma **chaleira** a vir do que devia ser a cozinha. A luz de fundo de mar **vertia** para o **corredor**, espalhando reflexos da água da chuva nas paredes a **descascar**. Quando entrou na cozinha, o vapor da água a ferver **toldava** as expressões das três figuras em silêncio perto da **bancada** de pedra.

### Glossário

**bancada** (f, -s): plataforma elevada que pode ser usada para preparar alimentos na cozinha

*Quando cozinho, gosto sempre de ter a bancada limpa. Assim, quando acabo de cozinhar posso concentrar-me só em comer.*

**chaleira** (f, -s): utensílio de cozinha que serve para ferver água para café e chá

*Faz-me um favor, aquece a chaleira para o café enquanto eu trato dos meninos.*

**corredor** (m, -es): passagem no interior de uma casa que serve para ligar quartos

*Os quartos são enormes, mas o corredor é demasiado estreito e comprido.*

**descascar**: tirar a casca; perder a tinta

*A tinta da parede está a descascar por causa da infiltração. A tinta mais antiga já está a aparecer por baixo.*

**fustigar**: bater com força; castigar

*O vento frio fustigava a planície com ventos de 150 km/h.*

**respiração** (f, -ões): ato de inspirar e expirar ar dos pulmões

*Quando entro em pânico nunca consigo controlar a respiração. Preciso de me acalmar e tentar respirar fundo.*

**telha** (f, -s): peça de barro com que se constrói um telhado

*Depois da grande ventania da noite anterior, reparámos que o telhado tinha perdido umas dezenas de telhas.*

**toldar** (toldava): cobrir; obscurecer; tornar escuro

*Podemos toldar este sentimento de tristeza com uma música animada.*

**verter** (vertia): entornar; espalhar líquido

*Enche-me o copo mais devagar, caso contrário vais verter a água.*

## Resumo

A tempestade tinha começado. A Quitéria, ainda na biblioteca, viu o Sr. Silvano novamente adormecido com um livro sobre as pernas. Parecia que nem respirava.

A Quitéria foi até à cozinha. Os outros três, Áurea, Carlos e Josefina, estavam calados e ela não conseguia ver as suas expressões.

## 7.1

*áudio 26:03*

Áurea **gemia** baixinho com os cotovelos na bancada. Carlos, pela primeira vez com uma expressão pensativa, acompanhava a descida dos pingos ao longo da **janela que dava para** as traseiras. Josefina bebia o chá, **fingindo entoar uma música** despreocupadamente. Os três olharam para Quitéria. A tensão entre eles era palpável.

Por esta altura, já todos deviam achar que ela era maluca. Mas ela tinha de ver o lado positivo das coisas. Até podiam achar que era uma médium **aloucada**, mas ao mesmo tempo, não iam arriscar comprar uma casa assombrada. **E se a história do vulto fosse verdade**?

Quitéria **riu-se para dentro**. Já se conseguia imaginar a encaminhar as clientes **tensas** pela salinha até à estufa, onde **desempenharia o se**u papel de representante do além. **Bastava bater com um pé no chão para todas as pequenas secções de vidro da abóbada tremerem**. Sim, não ia renovar nada na casa. Assim estava ótimo.

### Glossário

**aloucada(s)/o(s)**: meio louca; que parece louca/maluca

*Ela agiu aloucada, sem noção das consequências dos seus atos.*

**bastava bater com um pé no chão para todas as secções de vidro da abóbada tremerem** (bastava + infinitivo pessoal / para + infinitivo pessoal)

*O João andava bastante instável. Bastava fazer-lhe uma pergunta para ele se irritar.*

**dar para** (janela que dava para as traseiras): estar virado para

*Eu acho que o ladrão se enganou e saiu pela janela que dava para a rua mais movimentada. Por isso é que ele foi logo apanhado por um vizinho.*

**desempenhar um papel** (onde desempenharia o seu papel de representante do além): representar; fingir ser outra pessoa no teatro ou no cinema

*Há várias pessoas que dizem ter poderes psíquicos, mas muitas delas estão só a representar um papel. Na verdade, não sabem mais do que as outras pessoas.*

**e se a história do vulto fosse verdade** (se + imperfeito do conjuntivo)

*E se eu experimentasse outro caminho? Se calhar, chegávamos mais depressa.*

**fingindo entoar uma música despreocupadamente**: (fingindo, no gerúndio + infinitivo)

*A Ana finge sempre perceber os exercícios. Eu não sei porque é que ela faz isso porque depois tem sempre más notas.*

**gemer** (gemia): fazer um gemido; fazer sons de lamento

*Comecei a gemer de dor logo após ser mordido pelo cão.*

**rir-se para dentro** (riu-se para dentro): rir-se só na mente, sem o expressar na cara; rir-se sem som

*Quando ouvimos a piada, estávamos na sala de aula, por isso rimo-nos para dentro.*

**tenso(s)/a(s)**: que não está relaxado

*O ambiente estava tenso porque o António tinha sido apanhado com a amante na praia.*

## Resumo

A Quitéria observou as três pessoas na cozinha. O ambiente parecia tenso. A médium receava que achassem que ela era maluca, mas ao menos assim podia ficar com a casa. Ninguém ia querer uma casa que podia estar assombrada. Já conseguia ver-se no futuro com as suas clientes na velha mansão.

## 7.2

*áudio 27:12*

O chá continuou a ser servido em silêncio enquanto a chuva caía lá fora. Ramos rangiam a resistir contra o vento. Quitéria levantou abruptamente os olhos da chávena.

— Aquele rapaz, o André. Ainda não voltou. — disse ela a começar a sentir ansiedade. Os olhos cruzaram-se **na esperança de que alguém tomasse a iniciativa de ir ver o que lhe tinha acontecido**.

— Meus queridos. — disse Áurea sentada com o **pé no ar**. — Eu sei que sou responsável pela visita à casa, mas **não estão à espera que eu vá lá fora com o pé neste estado**. **Tenham paciência**.

— Carlos, não queres ir lá fora? — perguntou Josefina ao marido. — **Era bom que fizesses alguma coisa de útil**.

**Antes que o marido lhe pudesse responder**, uma luz branca inundou o espaço e **cegou-os** momentaneamente. Depois, o **estrondo** vindo do exterior fez vibrar todas as **tábuas** de madeira, apagando a luz da cozinha. Ninguém se mexeu na ténue luz do final de dia que **fintava** as nuvens.

## Glossário

**antes que o marido lhe pudesse responder** (antes que + imperfeito do conjuntivo)

*Antes que eu pudesse atender o telefone, ele parou de tocar.*

**cegar** (cegou-os): tornar cego; tirar a visão

*A luz do sol cegou-os como um laser apontado diretamente aos olhos. Só conseguiram passar a ver bem depois de alguns segundos.*

**era bom que fizesses alguma coisa de útil** (era bom que + imperfeito do conjuntivo)

*Era bom que ajudasses com as tarefas de casa porque eu estou muito cansado.*

**estrondo**: barulho forte que dura pouco tempo

*Eu estava a dormir. De repente, ouvi um estrondo vindo do exterior que acordou os cães todos da vizinhança.*

**fintar** (fintava): fazer uma finta; enganar o adversário num jogo para que vá para outro lado; esquivar-se do adversário

*O Cristiano Ronaldo fintou cinco jogadores antes de ser parado.*

**na esperança de que alguém tomasse a iniciativa de ir ver o que lhe tinha acontecido** (na esperança de que + imperfeito do conjuntivo) (tomar a iniciativa de: ser o primeiro a fazer uma ação; iniciar uma ação)

*Depois de cair no buraco, o montanhista gritou desesperadamente na esperança de que alguém o ajudasse, mas ninguém tomou a iniciativa de procurar por ele.*

**não está à espera que eu vá lá fora com o pé neste estado** (à espera que + presente do conjuntivo)

*Você está doido! Não está à espera que eu coma este polvo vivo, pois não?*

**pé no ar**: pé elevado; pé sem tocar no chão

*Eu sou muito baixa. Quando me sento no sofá, fico com os pés no ar.*

**tábua** (f, -s): prancha de madeira

*Os donos da casa prepararam-se para o furacão pregando tábuas nas janelas.*

**tenham paciência/tem paciência**: (expressão) (expressão) ganhem/ganha juízo; expressão usada quando se quer expressar desagrado com a falta de discernimento de outra pessoa/outras pessoas

*Tu já queres tocar um Chopin depois de duas aulas de piano? Tem paciência!*

## Resumo

Enquanto bebiam o chá, a Quitéria lembrou-se de que o rapaz, o André, ainda não tinha voltado para a casa. Ninguém queria ir lá fora ver o que lhe tinha acontecido.

A Josefina perguntou ao Carlos se ele não queria ir lá fora, mas de repente um relâmpago, seguido de um trovão, apagou a luz da cozinha.

## 7.3

*áudio 28:28*

— O que é que foi isto? — perguntou Áurea.

— Parece ter sido um trovão. — disse Quitéria. — Eu vou lá fora consigo, Carlos. Não podemos ficar aqui parados **se o rapaz estiver a precisar de ajuda**. Não é normal estar a demorar tanto tempo.

O homem, **contrariado**, deslocou-se até à porta. Ao colocar a mão na **maçaneta gritou a plenos pulmões**. Mostrou a palma da mão com um **pionés** vermelho cravado no meio.

— **Maldição**! — disse ele, **à espera que alguém fizesse alguma coisa**.

— Deixe-me ajudá-lo. — disse Quitéria.

— Deixe-o. — disse Josefina. — **Ele que o tire sozinho**.

Carlos afastou-se em direção ao lava-loiças onde continuou a **bradar aos céus**.

### Glossário

**à espera que alguém fizesse alguma coisa** (à espera que + imperfeito do conjuntivo)

*Se estás à espera que eu lave os pratos, é melhor esperares sentado.*

**bradar aos céus:** (expressão) usada quando se está a reclamar com entusiasmo

*Porque é que estás a bradar aos céus? O árbitro também é humano e comete erros.*

**contrariado(s)/a(s)**: sem vontade de fazer algo a que é obrigado ou pressionado

*Ele foi ao ginásio contrariado. Não lhe apetecia fazer exercício, mas a mulher obrigou-o.*

**ele que o tire sozinho** (também usado com outros pronomes: ela que, eles que, elas que): usado quando se quer que outra pessoa faça algo

*Eu sei que ele me pediu ajuda para estacionar o carro, mas agora ele que o tire dali sozinho.*

**gritar a plenos pulmões** (gritou a plenos pulmões): gritar muito alto

*A criança gritava a plenos pulmões enquanto a mãe a tentava acalmar.*

**maçaneta** (f, -s): peça esférica metálica usada para abrir portas

*A porta está destrancada, basta rodares a maçaneta.*

**maldição** (f, -ões): (interjeição) usada quando algo correu mal

*Maldição! Sofremos outro golo!*

**pionés** (m, pioneses): prego pequeno com a cabeça achatada usado para prender coisas leves

*Eu tenho vários pioneses a segurar fotos no meu quadro de cortiça.*

**se o rapaz estiver a precisar de ajuda**: (se + futuro do conjuntivo)

*Se estiver a chover, é melhor ficarmos em casa.*

## Resumo

A Quitéria disse que ia lá fora com o Carlos porque o André podia estar a precisar de ajuda. O Carlos não queria ir, mas foi até à porta. Quando meteu a mão na maçaneta, ficou com um pionés espetado na mão. Ele gritou e foi até ao lava-loiças para tirar o pionés.

## 7.4

*áudio 29:22*

Quitéria pôs uma mão no queixo.

— Algo aqui não está bem. Eu acho que alguém andou a colocar estas **armadilhas** pela casa. Estilhaços de vidro e agora isto. Claramente, ninguém deixou um pionés agarrado a uma maçaneta por acaso. — disse ela.

— Mas quem é que **podia ter feito isso**? — perguntou Áurea com **rugas** a aparecer nos cantos dos olhos.

Um novo relâmpago atravessou o espaço **sem piedade**. O trovão que lhe seguiu atacou de novo a casa como uma onda em **mar alto**. As paredes tremeram e a porta para as traseiras **abriu-se sozinha**. Lá fora, **sob o manto de chuva**, **lápides** de pedra meio **tombadas** espreitaram por entre as **ervas daninhas**.

## Glossário

**abrir-se sozinho/a** (abriu-se sozinha): abrir automaticamente, sem ajuda

*Com estes novos sensores, a porta abre-se sozinha quando alguém se aproxima.*

**armadilha** (f, -s): instrumento para apanhar animais; cilada; plano/artimanha para enganar alguém

*O lobo estava desconfiado, mas acabou por meter a pata na armadilha.*

**como se fosse maluca** (como se + imperfeito do conjuntivo)

*O velho Joaquim andava na rua a falar e a mexer os braços como se estivesse a falar com alguém.*

**erva daninha** (f, -s -s): planta indesejada que cresce rapidamente

*O meu jardim está descuidado. Está cheio de ervas daninhas e já nem se consegue passar de um lado ao outro.*

**lápide** (f, -s): pedra colocada numa campa/sepultura, num cemitério, que pode ter uma inscrição (por exemplo: nome, data de nascimento, data de falecimento)

*Quando falecer quero ser enterrado e quero que a lápide tenha o meu nome completo.*

**mar alto** (m, -): mar longe da costa

*Eu já andei de barco, mas nunca fui para mar alto. É um bocadinho assustador.*

**não há de ter sido o dono da casa** (não + haver, conjugado + ter + particípio passado): não deve ter sido (opinião)

*Eu acredito que a encomenda já deva ter sido entregue. Não há de ter havido problema. Esta empresa é sempre muito pontual.*

**podia ter feito isso** (pretérito mais-que-perfeito composto com o verbo auxiliar "poder") (= poderia ter feito: condicional pretérito com o verbo auxiliar "poder")

*Eu não queria desconfiar dele, mas quem é que podia ter feito isso além de nós os dois?*

**ruga** (f, -s): prega na pele ou em tecido

*Quem é muito expressivo, tende a ganhar rugas. As pessoas mais velhas também têm mais rugas porque passaram muitos anos a expressar emoções.*

**sem piedade**: sem compaixão; sem pena

*A mãe castigou-o sem piedade. O filho tinha atirado o cão da janela.*

**sob o manto de (chuva)**: debaixo de chuva intensa

*Conduzimos até Espanha durante a noite, sob o manto de estrelas.*

**tombado(s)/a(s)**: caído; inclinado; deitado abaixo

*Estava tanto vento que o camião tombou na estrada, destruindo toda a carga de ovos frescos.*

## Resumo

A Quitéria e a Áurea perguntaram-se quem teria colocado o pionés na porta. A Quitéria achava que não tinha sido o dono da casa.

Um novo trovão fez a casa tremer e a porta da cozinha abriu-se. Lá fora via-se um cemitério com lápides caídas.

# 8.

*áudio 30:14*

— Eu ia falar-vos sobre isto. — disse Áurea num **tom banal**.

— Um cemitério ao lado da casa! Então, ia deixar o melhor para o fim, era? Ou ainda tem mais alguma coisa para nos contar? — perguntou Josefina com um sorriso desafiante. Áurea desviou os olhos.

— Na verdade, isto pode ser visto como o ponto cultural desta casa. O valor deste pequeno cemitério é incalculável. **Se não me engano**, tem uma lápide de 1830, do bisavô do Sr. Silvano, o homem que construiu esta casa. — disse Áurea.

— Toda a gente sabe que os agentes imobiliários são capazes de vender uma infiltração como um elemento decorativo, mas isto **passa dos limites**. — disse Carlos, vermelho, da cor do pionés.

Áurea continuou **como se não o tivesse ouvido**.

— E tem uma adição recente, infelizmente. A esposa do Sr. Silvano, a Dona Lina, que faleceu há pouco tempo. — disse ela, pondo uma mão no peito.

— Mas isto fica cada vez melhor. — disse Carlos a dirigir-se para a porta aberta que deixava arrastar folhas molhadas pelo chão.

Quando ia puxar a porta para a fechar, uma mancha negra passou por entre as suas pernas como uma **flecha**.

— **Maldito** gato! — gritou ele.

O gato deu um salto sem impulso para cima da bancada da cozinha e observou-os de olhos luminosos. Ninguém se **atreveu** a fazer-lhe uma festa.

— De onde é que será que ele vem? — perguntou Josefina a rodar nervosamente a aliança de casamento no dedo.

Carlos voltou a tentar puxar a porta para a fechar quando uma mão **sapuda** o **impediu**. Era a de Quitéria.

— Ali! — gritou a médium uma vez mais.

— Outra vez? — perguntou Carlos, exasperado.

Lá fora, duas figuras sem contornos deslizavam por entre as lápides do cemitério em direção à casa. Atrás delas, os pinheiros curvavam-se como **servos** da escuridão. Carlos levou uma mão à boca para se impedir de gritar.

— Estão a vir para cá! Fechem a porta! — **berrou** de novo Quitéria.

Algo impediu que a porta se fechasse. Uma mão **enlameada** enfiou-se pela **fresta**, marcando dedos negros na madeira.

— Ei! — disse uma voz irritada, vinda do exterior. — Deixem-nos entrar, **caramba**!

## Glossário

**berrar** (berrou): gritar

*Os fãs dos Beatles começaram a berrar assim que eles apareceram no palco.*

**caramba** (interjeição): usada quando há surpresa ou irritação

*Caramba! Hoje nada me está a correr bem.*

**como se não o tivesse ouvido** (como se + pretérito mais-que-perfeito composto do conjuntivo)

*A Joana cantou como se tivesse praticado durante anos. Na verdade, era a primeira vez que cantava.*

**enlameada(s)/o(s)**: sujo com lama

*Tinha estado a chover durante a noite toda na floresta. Assim que ele caiu, ficou com a roupa completamente enlameada.*

**flecha** (f, -s): seta; o que se dispara de um arco/besta

*Corres mesmo rápido, Paula! Pareces uma flecha.*

**fresta** (f, -s): fenda; abertura estreita e comprida

*A janela estava ligeiramente aberta, deixando passar o vento frio pela fresta.*

**impedir** (impediu): impossibilitar

*A mim ninguém me impede de fazer o que eu quero. A não ser que afete outras pessoas, claro.*

**maldito(s)/a(s)**: incómodo: irritante; mau

*Este maldito computador é sempre a mesma coisa. Deixa de funcionar nos momentos mais cruciais.*

**atrever-se a** (ninguém se atreveu a fazer-lhe uma festa): ousar; arriscar

*O cão era enorme e tinha cara de mau. Ninguém se atreveu a entrar no quintal.*

**passar dos limites** (passa dos limites): ultrapassar os limites; ser excessivo

*Há coisas toleráveis, mas há outras coisas que passam dos limites. Trabalhar noventa horas por semana é, para mim, uma dessas coisas.*

**sapudo(s)/a(s)**: *gordo; rechonchudo; roliço*

*Ele era muito bom cirurgião, embora tivesse mãos sapudas.*

**se não me engano**: se não estou errado

*Se não me engano, a capital dos Estados Unidos é Washington, D.C..*

**servo** (m, -s): que não tem direito a liberdade; criado; pessoa subserviente que depende de outra

*Há centenas de anos, havia aqui um senhor com muitos servos.*

**tom banal** (m, -ns -ais): tom normal

*O Rogério abordou aquela conversa importantíssima com um tom banal, como se estivesse calmíssimo.*

## Resumo

A Áurea ainda não tinha referido o cemitério, mas ela acreditava que ele acrescentava valor à casa. A Josefina e o Carlos não ficaram satisfeitos com esta informação.

A Áurea disse também que a mulher do Sr. Silvano tinha morrido há pouco tempo e que estava lá sepultada.

O Carlos, chateado, foi fechar a porta da cozinha, quando o gato preto entrou rapidamente e ficou a olhar para eles. Ninguém lhe fez uma festa porque tinham medo.

Quando o Carlos ia fechar de novo a porta, a Quitéria viu algo lá fora. Desta vez, duas figuras vinham em direção à casa. A Quitéria gritou para fecharem a porta, mas uma mão do exterior impediu que a porta se fechasse.

Uma voz pediu para os deixarem entrar.

## 9.

*áudio 32:57*

Dois homens **irromperam** pelo espaço como que projetados por um **canhão** invisível.

— Querem deixar-nos lá fora com este **temporal**? — perguntou um deles a **sacudir** o cabelo **desgrenhado** como um cão. Era André.

— Desculpe, não sabíamos... — Quitéria parou a meio da frase. — Quem é este?

Ao lado do rapaz, um homem de **sobretudo**, chapéu, óculos escuros e bigode estava mudo e rígido.

— Ah, ele. — disse André a tirar os sapatos molhados e a mostrar um par de meias **imundas**. — **Tropecei** nele quando já andava perdido no bosque. Aparentemente, este senhor tinha acabado de cair **em cheio** numa silva quando andava à procura da casa para a visitar. Ajudei-o a libertar-se. E ainda comi umas amoras silvestres. São maravilhosas quando ganham o aroma do **musgo**.

Os outros três olharam para o homem.

— E tem nome? — perguntou Carlos a **percorrê-lo de alto a baixo**. O homem de bigode mexeu-se pela primeira vez e coçou o nariz.

— O meu nome é JC. José Castanheira. **Ao vosso dispor**. — disse ele com uma **voz de fundo de poço**.

Áurea arqueou uma sobrancelha. **Tinha a sensação** de já ter ouvido aquela voz antes.

— Veio visitar a casa, foi? — perguntou a agente imobiliária a esticar o pescoço.

— **Efetivamente**. — respondeu ele.

— Escolheu mal o dia, amigo. — disse Carlos com um **esgar**. — Não só estamos no meio de uma tempestade, como a casa está assombrada. Por isso o melhor é...

— **Se me permite**. — interrompeu-o JC. — **Talvez possamos começar por ver o andar de cima** e depois terminamos cá em baixo.

Carlos **olhou-o enviesado**. Áurea **pigarreou**. Ela via ainda uma luz ao fundo do túnel e a hipótese de salvar este negócio. A ferida no pé ainda não tinha **estancado** completamente, mas **com jeitinho** podia **andar em bicos de pés** e **fazer um brilharete** com **este tal** JC. Naquele momento, a luz voltou à cozinha.

## Glossário

**andar em bicos de pés**: andar sem fazer barulho

*Em casa, à noite, ando em bicos de pés para fazer menos barulho e não acordar ninguém.*

**ao dispor de** (ao vosso dispor): à disposição de; disponível para ser utilizado

*Podem fazer qualquer tipo de bolo. Temos todos os ingredientes ao vosso dispor.*

**canhão** (m, -ões): peça de artilharia que manda balas

*O canhão era uma arma muito eficaz nas batalhas navais.*

**com jeitinho**: com cuidado; com delicadeza

*Com jeitinho, consegues enfiar a linha na agulha para coser o botão.*

**desgrenhado(s)/a(s)**: despenteado

*A vista do cabo era linda, mas fiquei com o cabelo desgrenhado por causa do vento.*

**efetivamente**: de facto

*Ele não comeu as batatas todas, mas as que comeu estavam efetivamente boas.*

**em cheio**: mesmo no centro

*Ele acertou com a bola em cheio na cara do amigo.*

**esgar**: contração dos lábios numa expressão de desprezo ou desdém

*O meu tio olhou para o novo carro do vizinho com um esgar no rosto. Não gostava nada de demonstrações excessivas de dinheiro.*

**estancado(s)/a(s)** (tinha estancado): parado de sangrar

*A ferida ainda não tinha estancado. Havia tanto sangue no chão.*

**este(a) tal**: usado para se referir a alguém mencionado anteriormente (o tal, esse tal, aquele tal, etc.)

*A Isabel foi sair com aquele tal amigo novo de que te falei ontem.*

**fazer um brilharete**: fazer algo excecionalmente bem em certa ocasião

*A apresentação ia correr bem. Era a sua oportunidade para fazer um brilharete.*

**imundo(s)/a(s)**: muito sujo; nojento

*O teu cão está imundo. Até já está preto. Já não lhe dás banho há quanto tempo?*

**irromper por** (irromperam): entrar de rompante; entrar de repente e com energia

*A enfermeira irrompeu pela sala de operações com uma maca.*

**musgo** (m, -): planta de folhas muito pequenas que cresce em lugares húmidos e escuros, como troncos de árvores e pedras; quando cresce muito, forma um manto espesso

*Tem cuidado ao passar por cima dessas pedras, estão cheias de musgo. Podes escorregar.*

**olhar enviesado** (olhou-o enviesado): olhar de lado; olhar desconfiado

*O guarda do supermercado estava a olhar enviesado para um dos clientes. Provavelmente achava que tinha roubado algo.*

**percorrer de alto a baixo** (percorrê-lo de alto a baixo): analisar rapidamente de uma ponta à outra

*O vendedor analisou o cliente, percorrendo-o de alto a baixo para determinar se teria ou não dinheiro para comprar o carro.*

**pigarrear** (pigarreou): limpar a garganta para a voz soar melhor ou para chamar a atenção

*O professor pigarreou quando entrou na sala para que os alunos distraídos soubessem que ele tinha chegado.*

**sacudir**: abanar com força

*Sacudi os tapetes para os limpar e apanhei imediatamente uma alergia ao pó.*

**se me permite**: se me dá licença

*Lamento interromper, mas, se me permite, eu gostaria de fazer mais umas perguntas.*

**sobretudo** (m, -s): casacão; casaco quente e comprido

*Outra camisola?! Está imenso calor! Não me digas que vais buscar o sobretudo também?*

**talvez possamos começar por ver o andar de cima** (talvez + presente do conjuntivo)

*Talvez tenha tempo para ir contigo logo ao centro comercial.*

**temporal** (m, -ais): tempestade

*Está aqui um temporal inédito. Nunca vi tanta chuva e vento tão forte.*

**ter a sensação de** (tinha a sensação de já ter ouvido esta voz antes): ter impressão de; criar julgamento com base na informação passada pelos cinco sentidos

*Eu tenho a sensação de já ter estado aqui antes. Este cheiro não me é estranho.*

**tropeçar em** (tropecei): ir a andar e bater contra um obstáculo, perdendo o equilíbrio

*Tu ias distraída e tropeçaste no cabo do computador. O problema é que o desligaste sem querer e eu ainda não tinha gravado o trabalho.*

**voz de fundo de poço**: voz profunda

*A sua voz era profunda, como se estivesse a falar no fundo de um poço.*

## Resumo

Dois homens entraram na cozinha. Um deles era o André. O outro era um homem que o André tinha encontrado no bosque e que ele ajudou. Esse homem tinha um chapéu, óculos escuros e bigode. Disse que se chamava JC, José Castanheira.

A Áurea teve a sensação de conhecer a voz dele. Ela perguntou-lhe se ele tinha vindo visitar a casa e ele respondeu afirmativamente. O Carlos disse ao novo visitante que tinha escolhido o dia errado.

JC disse que queria começar por ver o primeiro piso e isso fez a Áurea acreditar que ainda conseguia vender a casa, mesmo com o pé ferido.

A luz voltou à cozinha.

## 10.

*áudio 35:23*

Enquanto o grupo subia pelas escadas para o primeiro piso, Quitéria decidiu ir espreitar novamente o velhote esquecido na biblioteca. Parecia que todos o ignoravam.

A cabeça do homem tinha agora pendido para trás e viam-se três dentes solitários na boca **escancarada**. Aos seus pés, o gato preto ronronava de olhos abertos.

**No cimo** das escadas, Quitéria ouviu as vozes **ecoarem** de lados distintos. Carlos e Áurea tinham ido para o corredor da esquerda; o rapaz André, Josefina e o novo visitante, JC, tinham ido para o corredor da direita. Quitéria permaneceu no topo das escadas por uns momentos, indecisa.

### Glossário

**ecoar** (ecoarem): fazer eco

*O som do tiro de espingarda ecoou pelas montanhas. Depois, fez-se silêncio.*

**escancarado(s)/a(s)**: totalmente aberto

*Não estejas com a boca toda escancarada. Pode entrar uma mosca!*

**no cimo**: no topo

*No cimo do monte havia uma árvore solitária.*

## Resumo

Os visitantes iam ver o primeiro piso quando a Quitéria foi ver o dono da casa que tinha ficado a dormir na biblioteca. O gato preto também estava lá.

No topo das escadas, a Quitéria reparou que o Carlos e a Áurea tinham virado para a esquerda; o André, a Josefina e o JC tinham virado para a direita.

A Quitéria ponderou para onde devia ir.

## 11.

*áudio 36:10*

— O que é que fazes aqui? — perguntou a agente imobiliária, **certificando-se de que** ela e Carlos estavam **a sós** num dos quartos. O esplendor do piso inferior tinha desaparecido no quarto despido e frio.

— O que é que eu faço aqui? Eu quero é saber o que é que andaste a contar à Josefina. — disse Carlos com fogo nos olhos. Agarrou-lhe num braço e sacudiu-o com um **espasmo**.

— **Como te atreves**? Tira a tua **pata** de cima de mim. — disse ela **entre dentes**. — Que interesse tinha eu em contar à tua mulher que andamos a encontrar-nos numa das casas **devolutas**?

**Algures** do piso de baixo ouviu-se o som de vidro a partir. Talvez uma janela. Com um clique suave, a luz apagou-se novamente, desta vez sem aviso.

— Depois falamos sobre isto. — disse ele.

— **Talvez chame a Josefina e tratamos logo do assunto**, o que achas? Pensando bem, não tenho mais nada para falar contigo. — disse ela a sentir a cara a ferver. Depois, **coxeou** até à porta do quarto. — Tenho de ir ver o que aconteceu lá em baixo. **Se a Quitéria tiver razão**, pode ter entrado alguém cá dentro agora mesmo.

Quitéria estava à porta do quarto quando um vulto de branco passou por ela a coxear.

A lua desapareceu atrás de um oceano negro de nuvens, lançando uma sombra sem fundo sobre a mansão. No **negrume** total, passos apressados soaram pelo corredor **alcatifado**. Um grito sobrepôs-se ao ruído da chuva. Depois, o som de algo pesado a cair nas escadas espalhou-se como uma corrente gelada por entre árvores submersas. Finalmente, a luz voltou de novo.

## Glossário

**a sós**: sozinhos

*Assim que o vencedor da lotaria ficou a sós em casa, começou a gritar de alegria.*

**alcatifado(s)/(s)**: coberto de alcatifa

*O chão da minha sala é alcatifado, mas não é bom para as minhas alergias. Por outro lado, a alcatifa é tão fofa!*

**algures**: em lugar incerto

*Esse evento aconteceu algures por aqui. Não sei bem onde foi, mas acho que estamos perto.*

**atrever-se** (como te atreves): ter a ousadia de; arriscar; ousar

*Estás a olhar para o meu decote? Como te atreves?*

**certificar-se de que** (certificando-se de que): ter a certeza de que

*Certifica-te de que a comida está temperada. Tu costumas esquecer-te do sal.*

**coxear** (coxeou): não andar bem devido a um problema numa perna ou num pé

*Ele veio a coxear o caminho todo. Acho que tem um problema no pé.*

**devoluto(s)/a(s)**: desocupado e fechado

*Esta casa está devoluta, por isso é que está à venda. Parece que vivia aqui um psicopata.*

(dizer algo) **entre dentes**: dizer algo baixo para não ser ouvido por outras pessoas; dizer algo baixo de modo ameaçador

*Quando ela me disse entre dentes que eu me ia arrepender, eu fiquei com medo.*

**espasmo** (m, -s): contração involuntário de músculos

*Teve um espasmo repentino quando estava a dormir ao meu lado e eu assustei-me.*

**negrume** (m, -s): escuridão

*A bruxa voou para longe na sua vassoura, desaparecendo no negrume da noite.*

**pata** (f, -s): pé de um animal; pejorativo quando usado para falar de uma mão ou pé humanos

*Diz ao teu cão para tirar a pata dele de cima de mim!*

**se a Quitéria tiver razão** (se + futuro do conjuntivo)

*Se tiver tempo, passo pela tua casa logo.*

**talvez chame a Josefina e tratamos logo do assunto** (talvez + presente do conjuntivo)

*Talvez encontre o meu cunhado no festival.*

## Resumo

Num dos quartos, o Carlos falava com a Áurea. Ela perguntou-lhe o que é que ele fazia ali naquela casa. E ele perguntou-lhe o que é que ela tinha contado à sua mulher, Josefina. O Carlos e a Áurea andavam a ter um caso, mas a Áurea estava chateada e disse que não tinha mais nada para falar com ele.

A luz apagou-se novamente e ouviu-se um ruído de vidro a partir no piso de baixo. A agente imobiliária decidiu ir ver o que tinha acontecido.

A Quitéria, à porta do quarto, viu uma pessoa a passar por ela.

No escuro, ouviram-se passos rápidos, um grito, e alguma coisa a cair das escadas.

Depois, a luz voltou outra vez.

## 12.

*áudio 38:02*

No **patamar** do primeiro andar apareceram as várias pessoas do grupo. Carlos e Quitéria chegaram da esquerda, e do outro lado, André, Josefina e JC. O gato também apareceu; as unhas cravadas no tapete enquanto se **espreguiçava**.

Os vários olhos cruzaram-se à procura de uma explicação para o grito que tinham ouvido.

— Eu vi alguém a passar no escuro em direção às escadas depois da luz se apagar. Devia ser a Áurea. É a única pessoa que falta aqui. — disse Quitéria.

O grupo moveu-se até ao topo das escadas. Quitéria reparou no olhar de **mágoa** com que Josefina olhava para Carlos.

Foi o homem de chapéu, e ainda de óculos escuros, que apontou com um dedo **enluvado** e **tremelicante** para a base das escadas. Josefina foi a primeira a gritar. Um grito **mudo**, dado para dentro e não para fora.

Lá em baixo, na base das escadas, Áurea estava contorcida como uma **boneca de pano**; os seus olhos abertos na direção do céu estrelado algures atrás das nuvens de chuva. Uma mancha de **sangue** escuro, que se estendia desde a base da **nuca**, dançava já dentro da piscina dos nenúfares. Uma perna estava dobrada debaixo do corpo. A outra estava esticada sobre o último degrau. O pé ferido pelo estilhaço de vidro tinha finalmente parado de sangrar.

## Glossário

**boneca de pano** (f, -s -): boneca feita de tecido

*Antigamente, as crianças brincavam com bonecas de pano. Hoje em dia são quase todas de plástico.*

**enluvado(s)/a(s)**: revestido com uma luva

*O homem estava enluvado e encapuçado, e infelizmente não era devido ao frio. Nós achávamos que ele estava preparado para assaltar uma casa.*

**espreguiçar-se** (se espreguiçava): esticar os membros do corpo (braços e pernas) quando se tem sono ou quando se acorda

*Eu espreguiço-me sempre que acordo, até mesmo depois de uma simples sesta. Fico logo com mais energia depois de me espreguiçar.*

**mágoa** (f, -s): amargura; desgosto; tristeza

*Eu acabei por chorar. A mágoa era demasiado forte.*

**mudo(s)/a(s)**: que não faz som; silencioso

*Assim que a Joana percebeu que eu tinha descoberto a verdade, ficou muda.*

**nuca** (f, -s): parte superior da parte de trás do pescoço

*Odeio levar palmadas na nuca, fico irritado. Mas a minha professora faz sempre isso quando me engano na resposta.*

**patamar** (m, -es): zona plana e aberta no cimo de escadas

*Ainda faltam vinte degraus para o primeiro patamar, mas não sei se aguento mais porque os sacos das compras estão muito pesados.*

**sangue** (m, -): líquido denso e viscoso que circula nas veias e nas artérias de um ser vivo

*Depois do acidente ficou tanto sangue no chão! Eu não consigo ver sangue. Acho logo que vou desmaiar.*

**tremelicante(s)**: que está a tremer

*O Pedro tem tanto medo de andar de avião! Quando saiu do avião ainda vinha com as pernas tremelicantes.*

## Resumo

As várias pessoas e o gato apareceram no topo das escadas. O Carlos e a Quitéria apareceram da esquerda; o André, a Josefina e o JC apareceram da direita.

A Quitéria disse que achava que tinha visto a Áurea a passar por ela para as escadas. O grupo foi até às escadas e JC apontou para baixo, a tremer. A Josefina gritou.

Lá em baixo estava a Áurea, caída. Uma mancha de sangue saía da cabeça.

## 12.1

*áudio 39:38*

A médium **abanou a cabeça** e desceu a escada de metal, fazendo-a **balouçar** a cada passo. Pôs um dedo no pescoço de Áurea, evitando olhar-lhe para o rosto congelado numa expressão de espanto. Depois retirou a mão e fechou-a num **punho**, **esfregando** o dedo que tinha tocado no corpo.

— Não tem pulso. Infelizmente, acho que já não há nada a fazer. — disse ela.

— E agora? — perguntou Josefina.

Quitéria não tinha a certeza a que é que ela se referia. Se ao próximo passo a tomar depois de um acidente, ou ao seu próprio futuro. Carlos esfregava as mãos na cara, **como se quisesse acordar** de um pesadelo.

JC tirou o chapéu, **expondo** o que era claramente uma **peruca** de má qualidade. Quitéria só podia imaginar o que os óculos escuros escondiam.

— Temos de chamar a polícia. — disse Quitéria. — E **o melhor é termos cuidado para não contaminarmos a cena**.

— A cena? — perguntou Josefina, de expressão assimétrica. — Mas então, ela não caiu das escadas? **E**stá a insinuar de que se **trata** de um crime?

— Eu não estou a insinuar nada, **filha**. Só a polícia poderá esclarecer o que se passou. — disse Quitéria. — Embora...

— Embora o quê? — perguntou Carlos com impaciência.

— **Embora eu tenha visto Áurea pela última vez consigo**, Carlos. E estavam a discutir. — **rematou** a médium.

## Glossário

**abanar a cabeça** (abanou a cabeça): dizer que não com a cabeça; negar

*Eu olhei para o professor, na esperança de que a minha resposta estivesse certa, mas ele abanou a cabeça. Eu tinha de praticar mais!*

**balouçar** (fazendo-a balouçar a cada passo): oscilar de um lado para o outro

*Ele levava um saco cheio na mão, fazendo-o balouçar para cima e para baixo.*

**como se quisesse acordar** (como se + imperfeito do conjuntivo)

*Ele estava a dançar como se estivesse a ouvir música, mas não havia nenhum rádio a tocar.*

**embora eu tenha visto Áurea pela última vez consigo** (embora + pretérito perfeito do conjuntivo)

*Embora eu não tenha tido tempo para passar na padaria, pedi ao meu irmão para lá ir.*

**esfregar** (esfregando): friccionar uma superfície noutra

*Esta sujidade não sai do tapete, não importa o quão esfregue com o pano. Eu sabia que não devia ter aberto aqui uma garrafa de azeite.*

**expor** (expondo): revelar; mostrar

*O famoso ator tirou os óculos escuros, expondo a sua verdadeira identidade.*

**filha/o**: (vocativo) usado como forma de tratamento carinhosa

*"Não sei do que estás a falar, filha." disse-me a vizinha.*

**o melhor é termos cuidado para não contaminarmos a cena** (o melhor é + infinitivo pessoal)

*O melhor é fazermos tudo o que a polícia diz.*

**peruca** (f, -s): conjunto de cabelos falsos/artificiais

*Eu tenho perucas de todas as cores para todas as ocasiões. A minha peruca preferida é a peruca de palhaço que uso no Carnaval.*

**punho** (m, -s): mão fechada

*Ele tentou atingi-lo, mas falhou e o punho acertou na parede.*

**rematar** (rematou): concluir; terminar; apresentar o ponto final

*O presidente rematou o discurso com um aceno de cabeça.*

**tratar-se de** (está a insinuar de que se trata de um crime): ser

*Este é o novo presidente do clube. Trata-se de um homem de quarenta anos com experiência a gerir clubes de futebol.*

## Resumo

A Quitéria desceu as escadas e verificou que a Áurea estava morta. O grupo ficou perturbado. O JC tirou o chapéu e a Quitéria reparou que ele tinha uma peruca. Depois disse que tinham de chamar a polícia.

A Josefina perguntou se não tinha sido um acidente, mas a Quitéria respondeu que só a polícia poderia dizer. No entanto, ela disse que viu a Áurea pela última vez com o Carlos, e que estavam a discutir.

# 13.

*áudio 41:25*

De volta à biblioteca, o grupo aguardava a chegada da polícia. Josefina, de **olhos marejados**, esperava para ouvir a explicação de Carlos.

— Eu vi Áurea pela última vez quando ela saiu do quarto para ir ao piso de baixo. Ouvimos um vidro a partir e ela decidiu ir ver o que se tinha passado. — explicou Carlos.

Josefina **fingiu** estar a ler as lombadas dos livros. JC olhava pela janela. Não para ver o exterior, mas para se ver no reflexo do vidro.

Quitéria decidiu deixar o assunto morrer naquele momento. Abandonou os outros com os seus pensamentos e sacudiu o ombro **ossudo** do velho Silvano ainda adormecido na poltrona. Ele **roncou** e tentou abrir os olhos colados.

— Desculpe acordá-lo. — disse ela. — Houve um acidente.

— Uh? — gemeu o homem num tom ainda mais agudo e frágil do que ela teria esperado.

— Estamos a perder o nosso tempo. — disse Carlos a virar-se para os restantes. — Vamos **mas é** embora daqui. Já fui acusado de cometer um crime, **de maneiras que**, para mim, esta visita acabou. **Se a polícia quiser**, que me contacte em casa.

Uma **rabanada de vento** sacudiu a casa. Alguns ramos **racharam** e ouviram-se a tombar sobre as lápides do pequeno cemitério.

— Vocês os dois estavam a discutir sobre o quê, **se é que posso saber**? — perguntou Josefina, **como se ainda estivessem a falar** do que aconteceu antes do acidente.

— O quê? Ainda te estas a **fazer passar por sonsa**? **Como se não soubesses perfeitamente ao que vinhas** quando me decidiste **arrastar** para esta visita. — disse o marido.

As cabeças rodaram na direção de Josefina.

— Se não sabia, fiquei agora a saber com toda a certeza. — disse ela. — Como foste capaz de **andar metido com** uma **lambisgóia** de cetim?

JC agarrou num braço de Josefina. Ele parecia estar a ganhar confiança.

— Então, empurrou-a pela escada abaixo para a **tirar de cena**, é isso? — perguntou ele.

— Não a agarres, **meu**. Mas tu achas que sabes alguma coisa? — perguntou Carlos, **empurrando-o**.

Quitéria enfiou-se entre os dois, quase desequilibrando Carlos para cima de uma estante.

— Vamos ter calma. — disse ela. — Guardem as vossas opiniões para quando a polícia chegar.

— **Como assim**? Eu não vou arriscar ficar aqui com um assassino. — disse o homem de óculos escuros **abotoando** o sobretudo com delicadeza.

— **Ai, isso é que vai**. — disse Quitéria.

## Glossário

**abotoar** (abotoando): fechar com um botão

*Tens a camisa meio aberta. Esqueceste-te de abotoar dois botões.*

**ai, isso é que vai** (ai, vai, vai); usa-se com tom ameaçador, quando se quer afirmar que outra pessoa vai fazer uma coisa

*O Carlos não me vai pagar o que me deve? Ai, isso é que vai!*

**andar metido com:** andar envolvido com

*Não sei como foste capaz de andar metido com a tua secretária. Agora a tua mulher pediu o divórcio. Espero que estejas arrependido!*

**arrastar**: levar de rastos; levar à força

*A minha filha não queria sair da festa de anos. Tive de a arrastar de lá para fora, caso contrário tínhamos de dormir lá.*

**como assim**: expressão usada com uma pergunta para pedir esclarecimento sobre algo dito antes; O que é que queres dizer com isso?

*Como assim, ainda não viste este filme?*

**como se ainda estivessem a falar** (como se + imperfeito do conjuntivo)

*Ela não lhe respondeu, como se ele não tivesse perguntado nada.*

**de maneiras que**: por isso

*Eu hoje não trabalhei, de maneiras que fui às compras.*

**empurrar** (empurrando-o): impelir; fazer força contra um objeto ou pessoa para o fazer sair do lugar

*Maria, estás muito longe da mesa. Queres que te ajude a empurrar a cadeira para a frente?*

**fazer-se passar por**: fingir-se ser outra coisa

*Ele é muito esperto, mas às vezes faz-se passar por parvo para não ter tantas responsabilidades.*

**fingir** (fingiu): fazer de conta; simular algo que não é verdade

*Ele fingiu que estava bem, mas toda a gente percebeu que ele havia estado a chorar.*

**lambisgoia** (f, -s): (coloquial, depreciativo) mulher com mau caráter, presunçosa, vaidosa, convencida, antipática

*Não sei se gosto muito da nova vizinha. O elevador fica sempre a cheirar a perfume e vejo-a sempre de minissaia a falar com o teu marido.*

**mas é**: expressão usada quando se quer oferecer de modo assertivo uma alternativa

*Vamos ter calma, mas é.*

**meu**: (interjeição informal) usa-se com um homem; semelhante a "pá"

*'Tás bom, meu? Como é que tens passado?*

**olhos marejados** (m): olhos brilhantes com lágrimas

*Não conseguiu esconder as emoções pois tinha os olhos marejados.*

**ossudo(s)/a(s)**: com ossos protuberantes/salientes; com muitos ossos

*O guarda agarrou-a com uma mão ossuda.*

**rabanada de vento** (f, -s -): rajada de vento; lufada de vento forte

*Estava a comer um gelado até que veio uma rabanada de vento e o derrubou. Depois ficou a derreter no chão.*

**rachar** (racharam): abrir uma racha; fender; partir

*O tronco rachou de cima a baixo com aquela machadada. Aquele homem era muito bom a usar o machado.*

**roncar** (roncou): grunhir; ressonar

*Observa-o a dormir. Está a roncar como um porco. Por isso é que nesta casa ninguém consegue dormir.*

**saber ao que se vai** (como se não soubesses perfeitamente ao que vinhas): estar-se consciente do que se vai fazer; ter expectativas realistas

*Estás espantado com o frio aqui na Noruega? Não sabias ao que vinhas quando marcaste aqui as férias?*

**se a polícia quiser** (se + futuro do conjuntivo)

*Se quiseres, eu faço o trabalho por ti.*

**se é que posso saber**: expressão usada com uma pergunta quando se acha que a pergunta pode ser sensível, ofensiva ou pessoal.

*Que idade é que a senhora tem, se é que posso saber?*

**sonsa(s)/o(s)**: pessoa dissimulada, que finge ser boa

*A tua prima nunca bebe álcool aqui, mas eu acho que ela é uma sonsa. Aposto que apanha grandes bebedeiras em casa.*

**tirar de cena**: *não considerar mais; remover da equação*

*O João foi tirado de cena porque ninguém gostava do trabalho dele no departamento.*

## Resumo

O grupo foi para a biblioteca para esperar pela polícia. A Josefina, perturbada, ouviu do Carlos que ele tinha visto a Áurea a sair do quarto depois de ouvirem algo a partir no piso inferior.

A Quitéria decidiu não insistir no assunto e os outros não comentaram. Depois, a médium acordou o velho dono da casa ainda adormecido na poltrona e contou-lhe que tinha havido um acidente.

O Carlos disse que se queria ir embora, mas a Josefina quis saber sobre que assunto é que ele e a Áurea tinham estado a discutir.

Ele acusou a mulher de o ter levado para visitar aquela casa sabendo do que se passava entre eles. Ela não percebia como ele tinha sido capaz de ter um caso com a agente imobiliária.

Neste momento, os outros ficaram interessados na Josefina. O JC agarrou-a e perguntou-lhe se tinha empurrado a Áurea pelas escadas abaixo.

O Carlos não gostou disso e, por sua vez, empurrou o JC. A Quitéria separou-os e pediu-lhes para terem calma.

O JC disse que se ia embora, mas a Quitéria impediu-o.

## 14.

*áudio 44:11*

— Pode começar por tirar essa peruca e esses óculos escuros. — **ordenou** Quitéria a JC. — Quase que **aposto** que trazem o bigode agarrado atrás.

O velho Silvano, agora inclinado para a frente com os braços nos apoios da poltrona, largou uma **gargalhada**.

— Eu pensava que ele não ouvia bem. — disse Quitéria, surpresa.

— Eu? Eu estou a ouvir muito bem a sua insinuação! — disse JC. Depois, virou-se e começou a correr para a porta para se **esgueirar** da biblioteca.

— Agarrem-no! — gritou Carlos.

— Porque é que não o agarras tu? — perguntou Josefina.

Carlos **lançou-se no encalço de** JC. Esticou uma mão para o agarrar, mas tropeçou para cima dele fazendo-os cair aos dois contra a **ombreira da porta**. Na sua mão ainda estava o que tinha conseguido agarrar, uma peruca preta de **palhaço**. No **alvoroço**, um objeto tinha caído do bolso do sobretudo de JC, **rebolando** até aos pés de Quitéria. Uma garrafa de vidro com o **gargalo** partido.

— Agarre-o bem, Carlos. — pediu Quitéria. — Acho que descobrimos um impostor.

### Glossário

**alvoroço**: confusão causada por pessoas

*Estava tal alvoroço no festival antes dos U2 irem atuar, que eu deixei de ver o meu namorado durante dois segundos e nunca mais o encontrei.*

**aposto** (apostar): ter a certeza de; não duvidar

*Eu já avisei a Carla para não comer os meus iogurtes, mas eu aposto que vai voltar a fazê-lo.*

**esgueirar-se de**: sair de um lugar rapidamente, sem ser notado; sair sorrateiramente

*Ele disse que ia à casa de banho, mas só se levantou para se esgueirar daqui para fora. Nunca mais o vimos.*

**gargalhada** (f, -s): risada; riso alto

*Ele riu-se, mas não deu nenhuma gargalhada. Acho que não achou a tua piada assim tão engraçada.*

**gargalo** (m, -s): parte superior e estreita de uma garrafa

*Como é que queres enfiar uma azeitona nessa garrafa? O gargalo é demasiado estreito.*

**lançar-se no encalço de** (lançou-se no encalço de): ir rapidamente atrás de algo ou alguém para o apanhar

*O cão fugiu, mas o Rui rapidamente se lançou no encalço dele. Só o conseguiu apanhar já perto de casa.*

**ombreira da porta:** molduras laterais de uma porta

*O teu gato é tão gordo que fica preso nas ombreiras da porta.*

**ordenar a** (ordenou a): dar uma ordem; mandar

*O que é que o teu filho está a fazer? Está a escrever no meu sofá! Ordena-o a parar.*

**palhaço** (m, -s): bobo, profissional que diverte o público no circo

*O palhaço pressionou a flor que tinha no casaco e de lá saiu um esguicho de água diretamente para a cara da criança.*

**rebolar** (rebolando): rolar; dar voltas sobre si mesmo

*Eu deixei cair a garrafa de água e ela desceu o monte a rebolar.*

## Resumo

A Quitéria pediu ao JC para tirar a peruca e os óculos escuros.

Da poltrona, a Quitéria ouviu o velho dono da casa a rir. Ela ficou surpresa porque achava que ele não ouvia bem.

O JC acreditava que a Quitéria estava a falar dele próprio e que estava a acusá-lo. De imediato, tentou fugir da biblioteca.

O Carlos tentou apanhá-lo, depois de ter sido ordenado pela sua mulher para o fazer, mas os dois acabaram por cair. Na confusão, o JC perdeu a peruca e deixou cair uma garrafa de vidro partida do bolso.

A Quitéria achava que tinham descoberto um impostor.

## 14.1

*áudio 45:33*

**Assim como** Quitéria tinha previsto, JC tinha uma máscara de bigode com óculos escuros, daquelas que se usavam no Carnaval. Estava agora sentado no centro da biblioteca onde todos o podiam ver bem.

— O que é que fazemos, Quitéria? — perguntou Carlos. A médium apreciou o respeito que lhe estava a ser dado como líder da situação. Ela podia acabar por não ficar com a casa, mas **ao menos** já ninguém a ficava a chamar de maluca.

— Agora, perguntamos a este senhor porque é que andou a espalhar vidros partidos pela casa. — disse ela, espetando o peito para fora.

— Não fiz nada do que me acusa. Isto é um **ultraje**. — respondeu JC.

Quitéria deu alguns passos pela biblioteca. O dia **tinha dado uma reviravolta,** mas este **desfecho** talvez não fosse o pior para si.

— Que razão tinha para querer matar a Áurea? — perguntou ela, inclinando a cabeça.

— Já disse, eu não seria capaz de algo tão radical.

— Mas de alguma coisa menos radical, talvez? — pressionou ela. JC olhou para o chão no famoso gesto da **vergonha**.

— Eu só espalhei alguns vidros pelo chão. E talvez um ou outro pionés. — disse ele num sussurro.

— Eu sabia! — gritou Carlos. — Temos aqui o nosso **assassino**!

— Calma. — interrompeu Quitéria. — **Eu acredito que este homem mascarado tenha tido só a intenção de arreliar os visitantes da casa**. Talvez para **prejudicar** o negócio?

— Já estava a começar a ser de mais. — disse JC sem levantar os olhos do chão. — A Áurea tem sido a agente imobiliária número um desde que eu comecei a trabalhar na mesma agência. Tem a cara em **cartazes** espalhados pelo distrito todo. **Para onde quer que olhe**, lá está o seu sorriso cristalino. Estava só a tentar equilibrar o mercado **para que os restantes agentes consigam sobreviver**. Nós vivemos das vendas, sabiam?

— Áurea feriu-se num dos seus cacos de vidro. Já imaginou que ela **poderá ter caído das escadas** por não se conseguir **apoiar** convenientemente no pé? — perguntou Quitéria. O homem na cadeira **fungou** e atirou o conjunto de óculos e bigode para o chão.

— Lamento imenso. **Fui longe demais**. — disse ele.

— Bom, podemos então fechar isto como um acidente. Foi um prazer, mas nós vamos embora agora. — disse Carlos a fazer um gesto a Josefina para começar a andar.

— Se calhar, **era melhor ficarmos por aqui até a polícia chegar**. — disse André. — Estas tempestades por aqui costumam **alagar** o caminho.

## Glossário

**alagar**: cobrir o chão de água

*Choveu tanto durante a noite que a rua inundou e a água alagou o rés—do-chão da casa.*

**ao menos**: usado para expressar o lado positivo de uma situação negativa

*Eu esqueci-me do protetor solar, mas ao menos trouxe o chapéu.*

**apoiar-se em** (por não se conseguir apoiar no pé): suportar-se em, ter apoio em

*A senhora de idade apoiou-se no corrimão das escadas para poder descer sem cair.*

**assassino(s)/a(s)**: pessoa que mata premeditadamente

*O Jorge era um assassino profissional. Por cada pessoa que matava por encomenda, recebia dois milhões de euros.*

**assim como**: do mesmo modo que

*Hoje o tempo ficou muito melhor, assim como tu tinhas previsto.*

**cartaz** (m, -es): anúncio impresso em papel que pode ser de grandes dimensões

*Eu vou ao concerto e vou levar um cartaz com uma mensagem para o cantor. Vou pedi-lo em casamento.*

**dar uma reviravolta** (tinha dado uma reviravolta): dar uma volta inesperada e repentina

*O fim do livro deu uma reviravolta. Quem eu achava que era o herói acabou por ser o assassino.*

**era melhor ficarmos por aqui até a polícia chegar** (era melhor + infinitivo pessoal)

*Era melhor irmos ao supermercado cedo porque é fim de semana.*

**desfecho** (m, -s): conclusão; resultado final

*Eu gostei muito do filme exceto do final. No desfecho aconteceu tudo muito depressa.*

**eu acredito que este homem mascarado tenha tido só a intenção de arreliar os visitantes da casa** (acreditar que + pretérito perfeito do conjuntivo)

*Não acredito que o dólar já tenha voltado a descer.*

**fungar** (fungou): fazer barulho a inspirar pelo nariz, especialmente quando se está constipado ou se está a chorar

*O Francisco esteve sempre a fungar durante o exame. Eu sei que ele estava constipado, mas estava a desconcentrar-me.*

**ir longe demais** (fui longe demais): ultrapassar os limites; passar dos limites

*Eu estava a achar piada, mas agora foste longe demais quando começaste a falar mal da igreja católica.*

**para onde quer que olhe**: independentemente do lugar para onde olhe; é indiferente o sítio para onde olhe

*Para onde quer que olhe só vejo carros vermelhos. Isto é um sinal de que tenho de comprar aquele carro vermelho que fui testar no outro dia.*

**para que os restantes agentes consigam sobreviver** (para que + presente do conjuntivo):

*Para que tenhas boa nota no exame, é preciso estudares.*

**poderá ter caído das escadas** (futuro perfeito composto com o verbo auxiliar "poder"): é possível que ela tenha caído das escadas

*O ladrão poderá ter entrado pela janela.*

**prejudicar**: danificar; lesar; causar lesão

*O facto de eu não ter experiência profissional prejudicou a minha procura por um emprego novo.*

**ultraje**: ofensa; afronta

*Assaltaram-me com a polícia presente e ninguém fez nada. Isto é um ultraje!*

**vergonha** (f, -): embaraço; humilhação

*Quando reparei que levava papel higiénico agarrado ao sapato, fiquei cheio de vergonha.*

## Resumo

Com o JC sentado no meio da biblioteca, a Quitéria acusou-o de ser ele a espalhar vidros pela casa, mas ele negou-o. Ela também lhe perguntou qual era a razão para matar a Áurea, mas ele também negou ser o culpado da sua morte.

Envergonhado, o JC acabou por confessar ter sido ele a pregar partidas pela casa. Ele também era agente imobiliário, mas a Áurea dominava todo o mercado. Ele só queria estragar-lhe o negócio, mas reconheceu ter passado dos limites.

O Carlos concluiu que tinha sido um acidente e quis ir-se embora, mas o André avisou-o de que era melhor esperar até a polícia chegar. Quando chovia muito, o caminho ficava cheio de água e não se podia passar.

## 14.2

*áudio 48:36*

JC levantou-se com renovada energia e olhou em volta para as caras dos visitantes. **Arregaçou as mangas** e limpou a garganta.

— Se calhar, há algo que precisam de saber. Quando encontrei este rapaz de cabelo comprido no bosque, ele não estava perdido, mas sim a sair de uma **rulote** velha. Uma rulote rodeada de uma verdejante **plantação** de canábis. — disse JC de novo com o seu tom **altivo** para criar impacto.

As sobrancelhas dos outros levantaram-se, surpresas.

— Creio que este jovem tem interesse em que a casa não seja vendida. Vendê-la seria arriscar a descoberta da sua plantação ilegal no **terreno**. — continuou o homem de sobretudo.

André deu dois passos para trás batendo numa vitrine de porcelanas que **chocalharam** insistentemente.

— **Eu sou pela vida**. — disse André com olhos **fugidios**. — Eu só queria poder continuar a crescer a minha plantação **para fins... medicinais**.

— Agarrem-no! — gritou Carlos.

Josefina revirou os olhos.

— Mas porque é que não o agarras tu? — perguntou ela. Depois, virou-se para o grupo e disse:

— Não pode ter sido o André a empurrar a Áurea. Ele estava comigo quando ouvimos o grito nas escadas.

— O que é que vocês estavam a fazer? — perguntou Carlos a ficar vermelho.

— Não sejas idiota. Nem todos são parvos como tu. — respondeu ela.

— Bem, podemos finalmente concluir que se tratou de um infeliz acidente. — disse JC a **encolher os ombros**.

— Não tenho tanta certeza disso. **Tanto quanto sei**, todos tínhamos motivo para empurrar a Áurea pelas escadas abaixo. — disse Quitéria.

— Incluindo a própria Quitéria. — disse Carlos, a olhar para ela, desconfiado.

## Glossário

**altivo(s)/a(s)**: majestoso; imponente

*A Ana tem sempre um ar altivo, como se fosse uma rainha.*

**arregaçar as mangas** (arregaçou as mangas): puxar as mangas para cima

*O presidente do país arregaçava sempre as mangas antes de aparecer em público para parecer que estava pronto para começar a trabalhar.*

**arreliar**: chatear; aborrecer

*A música da festa do vizinho está mesmo a começar a arreliar-me.*

**chocalhar** (chocalharam): agitar um objeto

*Os copos de vidro chocalharam dentro da caixa quando eu peguei nela.*

**fugidio(s)/a(s)**: que foge

*Nunca consigo falar com o Paulo para lhe dar o meu convite de aniversário. Ele é muito fugidio.*

**encolher os ombros**: levantar os ombros para expressar desconhecimento

*Como ela não sabia a resposta, encolheu os ombros.*

**para fins medicinais**: para ser usado no âmbito da medicina

*Não bebas esse adubo. Isso não foi feito para fins medicinais!*

**plantação** (f, -ões): terreno plantado/cultivado

*O meu avô tem uma plantação de café e exporta os grãos para o estrangeiro.*

**rulote** (f, -s): caravana; veículo que se anexa à parte de trás de um carro para alojamento

*Quando éramos novos, íamos sempre para a rulote dos meus avós que eles tinham no parque de campismo.*

**ser por** (sou pela vida): ser a favor de

*Eu sou pela discussão aberta. Podemos ter opiniões diferentes e conseguir ter uma troca de ideias equilibrada.*

**tanto quanto sei**: de acordo com a informação que tenho

*Eu tenho três cães que trouxe da rua para casa. Tanto quanto sei, nenhum deles é um cão de raça.*

**terreno** (m, -s): área de terra que pode, ou não, ser para cultivar

*Andamos à procura de terreno para comprar e para construir lá uma casa.*

## Resumo

O JC revelou que, quando tinha encontrado o André no bosque, ele estava a sair duma rulote no meio de uma plantação de canábis. O JC achava que o André não queria que a casa fosse vendida para não descobrirem a sua plantação ilegal.

O André disse que só queria a plantação para fins medicinais.

A Josefina disse que ela estava com o André no momento do grito, por isso não podia ter sido ele a matá-la. O Carlos não gostou de saber que os dois tinham estado juntos.

O JC concluiu então que devia ter sido um acidente, mas a Quitéria revelou não ter certeza disso. Todos tinham um motivo.

O Carlos concordou, dizendo que ela também tinha um.

# 15.

*áudio 50:41*

— Que razão teria eu para desejar algum mal a Áurea? — perguntou Quitéria ao espetar o peito para fora. Era um gesto que fazia quando estava ansiosa.

André levantou uma mão antes de começar a falar. Estava a começar a sentir-se confiante.

— **Já que** a teoria do fantasma a passar lá fora não **pegou**, nada como um **assassinato** na casa para ser quase impossível de a vender. Exceto à pessoa interessada em comprá-la por **meia dúzia de tostões**, claro — disse ele, **espantado** com os seus poderes de dedução. Aqui estava a prova de que a canais não danificava o cérebro. Além disso, ele tinha decidido que não ia perder a sua plantação **de mão beijada**.

— E depois começa a lançar a dúvida sobre os outros visitantes da casa. Bem jogado. — disse JC.

— **Não diga disparates**. Neste momento o senhor tem pouca credibilidade. — disse Quitéria ao homem de sobretudo. — **Além do mais**, **eu acredito que tenha sido o senhor que eu vi a rondar** lá fora à espera da oportunidade para vir **pregar as suas partidinhas**.

— **Engana-se**. — disse o homem sem óculos e sem bigode. — Na verdade, eu já tinha preparado tudo ontem à noite. Eu acredito que a preparação é a chave para o sucesso.

— Ah, mas que **atencioso**. — disse Carlos, sem esconder a ironia.

— Mas então, quem é que andava lá fora? — perguntou André a olhar através do vidro **encharcado**.

## Glossário

**além do mais**: além disso (usado para incluir informação adicional)

*Eu não gosto de comer peixe, além do mais, não tenho fome.*

**assassinato** (m, -s): o crime de assassinar/matar alguém

*O assassinato de J.F. Kennedy ainda hoje provoca muitas dúvidas.*

**atencioso(s)/a(s)**: que presta atenção aos outros, preocupado com os outros

*O meu avião afinal não vai sair hoje. Tu ofereces-me jantar e sítio para dormir? Mas que atenciosa!*

**de mão beijada**: de modo extremamente fácil

*Trabalha para mereceres as coisas. Não queiras tudo de mão beijada.*

**dizer disparates** (não diga disparates): dizer coisas parvas e sem sentido

*Achas que consegues ficar milionário num ano? Não digas disparates!*

**encharcado(s)/a(s)**: completamente molhado; ensopado

*Esqueci-me de trazer guarda-chuva, por isso é que o meu casaco está encharcado.*

**enganar-se** (engana-se): errar; iludir-se

*Tu pensas que tens razão em tudo, mas enganas-te. A Terra não é plana.*

**espantado(s)/a(s) com**: surpreendido com; pasmado com

*O João saltou do penhasco para o mar? Estou espantado com a sua falta de bom senso.*

**eu acredito que tenha sido o senhor que eu vi** (acreditar que + pretérito perfeito do conjuntivo)

*Ela acredita que tenha sido o cão a comer-lhe o trabalho de casa.*

**já que**: dado que; uma vez que; visto que; considerando que (usado para expressar a causa)

*Já que está a chover, vou ficar em casa.*

**meia dúzia de tostões**: (expressão) usa-se para expressar que algo é mesmo muito barato

*Com a crise, hoje em dia já não se consegue comprar um carro por meia dúzia de tostões como há uns anos.*

**pegar** (não pegou): convencer

*A mentira que contaste aos teus pais não pegou. Eles não te deixaram ir à festa.*

**pregar partidinhas** (pregar as suas partidinhas): fazer uma brincadeira para prejudicar alguém ou fazer alguém passar vergonha

*O meu avô gosta muito de pregar partidas. Ontem colocou espuma de barbear na minha pasta de dentes.*

**rondar**: andar à volta de (possivelmente com segundas intenções)

*Anda um homem a rondar o meu prédio desde ontem. Estou a achá-lo muito estranho. Não sei se está a pensar em assaltar uma casa.*

## Resumo

A Quitéria perguntou que motivo ela teria para matar a Áurea. O André especulou que ela não queria que a casa fosse vendida a outros. E que, como a história do fantasma lá fora não tinha resultado, ela tinha provocado uma morte.

A Quitéria achou tudo um disparate. Ela acreditava que talvez fosse o JC quem ela tinha visto a andar lá fora. Ele negou tudo, dizendo que já tinha preparado as partidas na noite anterior.

O André questionou-se sobre quem andava então lá fora.

# 16.

*áudio 52:25*

## Detetive Gualdim

Quando os carros enlameados da polícia pisaram a gravilha à entrada da casa, os visitantes apressaram-se para a saída. Um homem com excesso de peso e cabelo cortado em casa tomou notas sobre o sucedido num bloco molhado.

Enquanto agentes da polícia técnica fotografavam o corpo na base das escadas, os restantes membros do grupo foram encaminhados para o exterior onde os carros os esperavam.

— Antunes! — chamou o detetive na direção de um **agente fardado**.

— Diga, chefe. — disse o agente Antunes a tentar esconder a sandes de atum no bolso.

— Vá ver onde anda o dono da casa. Rápido.

— Já **demos a volta à casa** e não encontrámos ninguém, chefe.

O detetive Gualdim coçou os **esporádicos** pelos de barba na cara. A final da **taça de futebol** era dali a uma hora, pensou ele. Com um gesto **brusco** fechou o bloco de notas **esborratado** e dirigiu-se para a saída.

## Glossário

**agente fardado** (m, -s -s): agente com farda/uniforme

*No outro dia fui parado por um agente fardado, mas já fui parado por polícias sem farda.*

**brusco(s)/a(s)**: inesperado; súbito

*O vendedor olhou de modo brusco para o cliente, quando ele disse que afinal não ia comprar nada.*

**dar a volta a** (demos a volta à casa): procurar em todo o lado

*Procurámos as chaves por todo o lado. Demos a volta à sala, mas sem sucesso.*

**esborratado(s)/a(s)**: sujo com tinta que alastrou/esborratou devido a água ou humidade

*Esta aguarela foi feita por um amador. A tinta está toda esborratada.*

**esporádico(s)/a(s)**: que acontece só de vez em quando; sem regularidade; pontual

*As erupções vulcânicas nesta ilha são muito esporádicas. Eu diria mesmo que são raras. A última foi há mais de cem anos.*

**taça de futebol** (f, -s -): competição de futebol em que o vencedor recebe um troféu (taça)

*A minha equipa favorita ganhou a taça de futebol e os jogadores desfilaram nas ruas com a taça na mão.*

## Resumo

A polícia chegou à casa. Enquanto a polícia registava o sucedido, os visitantes foram levados para os carros.

O detetive Gualdim pediu a um polícia para ir procurar o dono da casa, mas ele respondeu-lhe que não o encontraram.

Como o detetive não tinha muito tempo até ao jogo de futebol que queria ver, decidiu ir-se embora.

# 17.

*áudio 53:33*

## Silvano. Duas horas antes.

Os visitantes estavam todos no primeiro andar. Na biblioteca, a silhueta do velho Silvano ergueu-se da poltrona sem dificuldade, agarrando o livro que tinha sobre as pernas. O gato ficou **enroscado** no tapete, com a cauda a fazer curvas no ar como um **chicote**.

O homem saltitou pelo espaço em bicos de pés e escutou com atenção as vozes vindas do piso superior. Depois, correu como um **lince** para a entrada da casa. Atirou o pesado livro à janela fazendo quebrar o vidro enfraquecido sem dificuldade. Com os primeiros pingos de chuva a entrar para o interior, Silvano abriu o **quadro da eletricidade** ao seu lado e desligou a luz. Como um gato **pardo** à noite, o velho subiu as escadas pronto para atirar alguém por elas abaixo.

A loura da agência imobiliária coxeava em direção às escadas. **Mas que sorte**! Ela pareceu **pressentir** qualquer coisa e estendeu uma mão à sua frente no espaço escuro. Quando os dedos da mulher tocaram nos de Silvano, ele puxou-a, largando-a a meio do impulso. Ela gritou e caiu pelas escadas abaixo.

Silvano **deslizou** pelo corrimão metálico, passando pelo corpo ainda quente de Áurea na base das escadas. Depois, desapareceu entre as palmeiras tortas da estufa.

Quando ele regressou à biblioteca, o gato espreguiçava-se **a meio de um bocejo** em frente à lareira.

— **Bem que** me podias ter dado uma ajudinha. — disse Silvano, com um sorriso de orelha a orelha. O gato inclinou a cabeça e lambeu-lhe a mão com a sua língua áspera. — Não te preocupes, Lina. Já está feito.

**Depois desta** já ninguém vai querer comprar a casa. Os **chatos** dos agentes imobiliários parece que só percebem assim. Agora somos só tu e eu. Para sempre.

## Glossário

**a meio de um bocejo**: quando estava a bocejar

*Estava a meio de um bocejo na aula quando o professor olhou para mim.*

**bem que** (bem que me podias ter dado uma ajudinha): expressão usada para expressar desagrado por algo que alguém devia ter feito de modo diferente (= tu podias-me ter dado uma ajudinha, mas não deste)

*Só tenho duas mãos e trouxe as caixas todas pelas escadas até ao sétimo andar. Tu só trouxeste um livro. Bem que podias ter trazido mais qualquer coisa para me ajudares.*

**chato(s)/a(s)**: incomodativo; que chateia; aborrecido

*Eu até acho o Manuel engraçado, mas é muito chato quando começa a falar de política e não se cala.*

**chicote** (m, -s): corda de couro usada para chicotear/fustigar (por exemplo, cavalos)

*O aventureiro tirou o seu chicote do cinto e usou-o como corda para passar sobre um rio.*

**depois desta**: depois desta (situação); depois do que aconteceu

*Perdeste dois mil euros? Depois desta, acho que não voltas a apostar dinheiro em casinos.*

**deslizar** (deslizou): escorregar devagar

*Ela pensava que ia deslizar bem no gelo, mas assim que lhe pôs os patins em cima, tropeçou e caiu com o rabo no chão.*

**enroscado(s)/a(s)**: enrolado

*Tens um gato enroscado nas tuas pernas.*

**lince** (m, -s): felino, um pouco maior do que um gato, com a cauda curta e orelhas pontiagudas

*O lince ibérico está em vias de extinção.*

**mas que sorte**: (expressão) usa-se quando se tem muita sorte

*Mas que sorte! Nunca achei que fosse ganhar a lotaria!*

**pardo(s)/a(s)**: de cor indefinida

*À noite, todos os gatos são pardos.*

**pressentir**: ter o pressentimento de; sentir algo antes de a coisa acontecer ou antes de a ver

*Eu pressenti que esta não era a decisão certa. E não me enganei.*

**quadro da eletricidade** (f, -): local onde estão os fusíveis da eletricidade

*O quadro da eletricidade disparou. Acho que tínhamos muitas máquinas ligadas ao mesmo tempo. Eu disse-te para não ligares a torradeira.*

## Resumo

O que aconteceu no interior da mansão duas horas antes:

Quando os visitantes e a Áurea estavam no primeiro andar, Silvano, ainda na biblioteca, levantou-se e escutou com atenção os barulhos no andar de cima. Correu rapidamente para a entrada da casa onde partiu a janela com o livro que tinha na mão. Depois, desligou a eletricidade. Finalmente, subiu as escadas e encontrou a Áurea a dirigir-se para lá. Ele atirou-as das escadas abaixo e ela gritou quando caiu.

O dono da casa desceu depois pelo corrimão e desapareceu.

Quando ele voltou à biblioteca, falou com o gato como se fosse a sua falecida mulher, Lina. Ele disse-lhe para ela não se preocupar porque o que ele tinha ido fazer já estava feito, e que assim já ninguém ia querer comprar a casa. Iam ficar lá só eles os dois.

## 18.

*áudio 55:55*

Tinham passados dois meses quando, **por coincidência** (ou não), Quitéria **deu por si** a passar perto do caminho das escarpas. Aquele que levava à mansão do Sr. Silvano.

Depois do desastre da visita à casa, as agências imobiliárias acabaram por perder o interesse em vender a propriedade. A percentagem que receberiam se a conseguissem vender seria demasiado reduzida para o **esforço** envolvido. Isto porque teriam de a vender por um valor muito abaixo do pretendido.

Mas a casa continuava lá, escondida entre os pinheiros do bosque perto do mar. Quitéria nunca tinha conseguido esquecer o vulto que tinha visto a deambular no exterior da casa durante a tempestade. Acreditava que estaria de algum modo envolvido na morte de Áurea, **embora nunca o tenha chegado a referir ao detetive Gualdim**. O polícia estava demasiado interessado em fechar o caso como um infeliz acidente provocado por alguém a andar às escuras com o pé **lesionado**. E ela estava **farta de** ser tratada como maluca.

No final dos **interrogatórios**, Josefina e Carlos saíram da esquadra da polícia **de braço dado**. Pareciam prontos para recomeçar mais uma fase atribulada do seu casamento. JC e André saíram igualmente juntos, a **combinar** a expansão da sua plantação de canábis. Talvez para outros terrenos que o agente imobiliário tinha à venda.

Os últimos meses tinham sido difíceis para Quitéria. Por alguma razão, tinha perdido o **à-vontade** em desempenhar o papel de médium que costumava espantar as suas clientes. Pouco a pouco, a sua sala de atendimento **mal iluminada** tinha começado a acumular pó. **Talvez o teatro de ilusões daquela tarde**

**fatídica lhe tenha demonstrado o perigo dos segredos**. Sentia que precisava de descobrir uma vocação genuína, **algo que não implicasse ter de mentir**.

Mas este dia, em contraste com o daquela tarde, estava luminoso e isso **levantava-lhe os espíritos**. As gaivotas balouçavam no ar como pêndulos e o aroma do mar misturava-se com o fresco do musgo do bosque.

Nas traseiras da casa, sobre uma antiga lápide no cemitério, estava o gato preto que Quitéria já conhecia; os seus olhos amarelos postos nela **como se não acreditassem na audácia que ela tinha em voltar aos seus domínios**. Quitéria passou instintivamente os dedos na **cicatriz** que os seus **arranhões** tinham deixado nas costas da mão.

De repente, a mulher sentiu algo a deslocar-se atrás de si. Ainda viu o vulto **por breves momentos** a desaparecer entre as árvores. Um homem de **costas curvadas**. O gato emitiu um som satisfeito e saltou para a penumbra do bosque **como se fosse ter com ele**.

À sua frente, um raio de sol furou a copa de um pinheiro iluminando a lápide carcomida de onde o gato tinha saído. As letras **esculpidas** no mármore **destacaram-se** do fundo, formando um único nome: SILVANO.

## Glossário

**à-vontade** (m, -): estado descontraído, não envergonhado

*Perdi o à-vontade em tua casa assim que chegou o teu pai. Ele é muito rígido.*

**algo que não implicasse ter de mentir** (algo [elemento indefinido] que + imperfeito do conjuntivo) (implicar: envolver; acarretar; trazer consigo)

*Eu queria um trabalho novo num lugar que não implicasse ter de andar de transportes públicos durante muito tempo.*

**arranhão** (m, -ões): pequeno corte na pele; resultado de arranhar

*O meu gato arranhou-me. Fiquei cheio de arranhões no braço por causa das suas garras.*

**cicatriz** (f, -es): marca que fica na pele depois de uma ferida se curar

*Chamavam-no de Navalhada, porque tinha na cara uma enorme cicatriz feita pela navalha de um contrabandista.*

**combinar**: chegar a acordo

*Os vendedores combinaram baixar os preços no Natal.*

**como se fosse ter com ele** (como se + imperfeito do conjuntivo) (ir ter com: encontrar-se com)

*Ela disse que ia ficar em casa, mas estava a pôr maquilhagem como se fosse ter com alguém.*

**como se não acreditassem na audácia que ela tinha em voltar aos seus domínios** (como se + imperfeito do conjuntivo)

*O homem subiu pelas varandas do prédio como se fosse um chimpanzé. Felizmente, conseguiu salvar a criança que estava quase a cair do quinto andar.*

**de braço dado**: com os braços entrelaçados; com um braço à volta do braço da outra pessoa

*Em certos lugares do mundo, homens ainda são criticados por andarem de braço dado.*

**destacar-se de** (destacaram-se): ganhar relevo; ganhar importância

*A casa vermelha destacava-se muito da paisagem verde à sua volta.*

**dar por si** (deu por si): aperceber-se; tornar-se consciente; processar o que está à sua volta

*Ele continuou a correr sem parar. De repente, deu por si no meio de um descampado onde nunca tinha estado antes.*

**embora nunca o tenha chegado a referir ao detetive Gualdim** (embora + pretérito perfeito composto do conjuntivo)

*Embora nunca o tenha dito antes, eu gosto muito de ti.*

**esculpido(s)/a(s)**: entalhado em pedra ou noutro material

*Eu tenho um pilar esculpido em mármore, na sala. Trouxe de uma escavação arqueológica em Itália. Acho que ninguém reparou.*

**esforço** (m, -s): ação enérgica; ação vigorosa

*O serralheiro tentou abrir a porta com esforço, ficando a suar, mas ela não se mexeu.*

**farto(s)/a(s) de**: saturado de uma situação; não ter mais paciência ou vontade para uma situação

*Estou farto das tuas desculpas. A nossa amizade terminou.*

**fatídica(s)/o(s)**: trágico

*Hoje podia ter sido um dia fatídico. Felizmente, o condutor do autocarro conseguiu evitar que o veículo caísse da ponte.*

**interrogatório** (m, -s): ato de interrogar; fazer várias perguntas de modo a descobrir a verdade

*Numa semana de trabalho enquanto detetive, faço uma média de três interrogatórios.*

**lesionado(s)/a(s)**: magoado

*O atleta teve de desistir da competição porque tinha um joelho lesionado.*

**levantar os espíritos** (levantava-lhe): pôr de bom humor

*Anda comigo ao ginásio. Vais ver que te vai levantar os espíritos.*

**mal iluminado(s)/a(s)**: com pouca iluminação

*Não gosto muito desta cozinha, está mal iluminada. Não consigo ver os alimentos que estou a cortar.*

**por breves momentos**: por instantes

*Por breves momentos achei que fosses outra pessoa. Mas depois reconheci a tua maneira de andar.*

**por coincidência**: coincidentemente

*Achas mesmo que encontraste o teu ex-marido no parque por coincidência? Eu acho que ele te anda a seguir e depois aparece no sítio como se não o tivesse planeado.*

**talvez o teatro de ilusões daquela tarde fatídica lhe tenha demonstrado o perigo dos segredos**: (talvez + pretérito perfeito composto do conjuntivo)

*Talvez ele te tenha telefonado para te pedir desculpas. Que pena que tu não tenhas atendido o telefone.*

## Resumo

Dois meses depois, a Quitéria estava a passar perto da mansão do Sr. Silvano.

Após o que aconteceu, as agências imobiliárias já não queriam vender a casa porque teriam de a vender por um preço muito baixo.

A Quitéria ainda se lembrava do vulto que tinha visto no exterior da casa no dia da visita. Achava que tinha alguma relação com a morte de Áurea, mas não tinha falado sobre isso com o detetive Gualdim.

Ela não queria que as pessoas continuassem a achar que ela era maluca.

Depois da investigação, todos pareciam ter ficado bem. A Josefina e o Carlos pareciam estar a superar os seus problemas no casamento, e o JC e o André estavam a planear aumentar a plantação de canábis juntos.

No entanto, para a Quitéria, os últimos meses não tinham sido fáceis. Já não conseguia fingir ser uma médium como antes e tinha perdido clientes. Se tinha aprendido uma coisa com a morte de Áurea, era que os segredos podiam ser perigosos. A Quitéria queria agora descobrir uma profissão verdadeira, em que não tivesse de mentir.

Mas aquele dia estava bonito e isso deixava-a de bom humor.

Nas traseiras da casa, a Quitéria viu o gato preto sobre uma lápide antiga no cemitério. Nesse momento, sentiu uma coisa a mexer-se atrás de si e viu um homem de costas curvadas a desaparecer no meio do bosque. O gato, satisfeito, saltou do lugar onde estava e juntou-se a ele.

À frente de Quitéria, a lápide onde tinha estado o gato foi iluminada pelo sol. Nela podia ler-se um nome, SILVANO.

FIM

# Notas

# 3

# EXERCÍCIOS

## 1

Escolhe a resposta correta para cada um dos exercícios abaixo.

### 1.1

**Qual seria o possível motivo da Quitéria para matar a Áurea?**

a) Quer culpar o Carlos pela morte da agente imobiliária porque não gosta dele.

b) Quer que os outros desistam de comprar a casa porque quer levar para lá o seu negócio.

c) Não quer que ninguém compre a casa porque há lá fantasmas.

## 1.2

**Qual seria o possível motivo da Josefina para matar a Áurea?**

a) Quer matar a Quitéria, mas engana-se e provoca a morte de Áurea.

b) Não quer que o marido compre a casa.

c) O marido tem um caso amoroso com a agente imobiliária e a Josefina quer vingar-se.

## 1.3

**Qual seria o possível motivo do JC para matar a Áurea?**

a) Quer ser ele a vender a casa.

b) Quer prejudicar o negócio da agente.

c) Quer ficar com a plantação de canábis do André.

## 1.4

**Qual seria o possível motivo do André para matar a Áurea?**

a) Não quer que a sua plantação ilegal seja descoberta.

b) Não quer que a casa seja vendida porque ele está a viver lá dentro.

c) Não quer que a casa seja vendida porque ele quer continuar a tratar das plantas da estufa.

## 1.5

**O Sr. Silvano fala com mais alguém para além da Quitéria e do gato?**

a) Fala com a Áurea porque ela é a agente imobiliária.

b) Não fala com mais ninguém porque mais ninguém o vê.

c) Fala com todos os outros visitantes, mas ninguém lhe presta atenção.

## 1.6

**Quem matou a Áurea?**

a) O Carlos.

b) A Quitéria.

c) O Sr. Silvano.

## 2

A última frase da história mostra-nos que o nome do Sr. Silvano estava gravado numa lápide antiga. Se o dono da casa estava morto há muito tempo, como é que ele andava pela casa durante a visita? Será que a Quitéria era afinal uma médium a sério?

Encontra no texto as pistas que revelam que a Quitéria era uma médium genuína, capaz de contactar com os espíritos. Escreve-as abaixo e compara com as soluções.

## 3

O André era um dos visitantes da casa, mas a Áurea rapidamente percebeu que ele não tinha dinheiro para a comprar. Na verdade, ele não queria que a casa fosse vendida para não se descobrir a sua plantação ilegal de canábis.

Encontra no texto as pistas que revelam que o André trabalhava no campo e percebe de plantas. Escreve-as abaixo e compara com as soluções.

## 4

O Carlos e a Josefina tinham um relacionamento atribulado. A mulher tinha descoberto que o marido andava a ter um caso com a agente imobiliária.

Encontra no texto os momentos que revelam que a Josefina sabia o que se passava entre os dois. Escreve-as abaixo e compara com as soluções.

## 5

Faz corresponder os verbos com o resto da expressão.

1) ver

2) acalmar

3) dar

4) travar

5) ficar

6) ter

7) recuperar

a) a compostura

b) a fundo

c) de queixo caído

d) em mente

e) melhores dias

f) os ânimos

h) uma guinada

## 6

Faz corresponder os verbos com o resto da expressão.

1) dar

2) ter

3) tomar

4) andar

5) fazer

6) abanar

7) perder

a) a cabeça

b) em bicos de pés

c) iniciativa

d) tempo

e) um brilharete

f) um suspiro

g) uma desilusão

## 7

Faz corresponder os verbos com o resto da expressão.

1) dar

2) encolher

3) tomar

4) levantar

5) desempenhar

6) perder

a) um papel

b) os espíritos

c) uma reviravolta

d) notas

e) o interesse

f) os ombros

# 8

Segue o exemplo abaixo e identifica o verbo e o substantivo.

*Exemplo: apertado - apertar - o aperto*

apoiado

assombrado

caído

chegado

cuidado

curvado

distraído

dobrado

envolvido

espantado

espetado

forçado

interessado

ouvido

preocupado

preparado

vendido

visitado

# 4

# SOLUÇÕES

## 1

**1.1** b)

**1.2** c)

**1.3** b)

**1.4** a)

**1.5** b)

**1.6** c)

## 2

**a)**

— Tem aqui uma bela casa. — disse ela. Ele ignorou-a. — Tem aqui uma bela casa! — repetiu ela, alto.

O velho piscou os olhos e levantou-os lentamente na sua direção. Ela apercebeu-se, com alguma surpresa, de que tinha um olhar inteligente e algo arreliado, como se não esperasse que alguém reparasse na sua presença.

**b)**

Quitéria aproximou-se do senhor Silvano para confirmar que ainda respirava. Achava incrível como os velhotes tinham uma respiração tão suave que nem se via o peito a subir e a descer.

**c)**

— Bom, não há de ter sido o dono da casa. — disse Quitéria a pensar no homem débil que deixou adormecido na biblioteca.

— Claro que não! Que disparate. — disse Áurea. Quitéria reparou em como a agente imobiliária olhou para ela como se fosse maluca.

**d)**

O velho Silvano, agora inclinado para a frente com os braços nos apoios da poltrona, largou uma gargalhada.

— Eu pensava que ele não ouvia bem. — disse Quitéria, surpresa.

— Eu? Eu estou a ouvir muito bem a sua insinuação! — disse JC. Depois, virou-se e começou a correr para a porta para se esgueirar da biblioteca.

**e)**

— Vá ver onde anda o dono da casa.

— Já demos a volta à casa e não encontrámos ninguém, chefe.

## 3

**a)**

Se este miúdo de cabelo despenteado e unhas marcadas a negro de terra tinha dinheiro para comprar esta mansão, então ela não percebia nada de pessoas, pensou Quitéria.

**b)**

— Há algum problema? — perguntou o jovem cabeludo a enfiar as mãos calejadas nos bolsos.

**c)**

André, o rapaz de cabelos compridos, encheu o peito de ar ao ver o interior do que parecia ser uma estufa repleta de árvores e plantas exóticas já pouco verdejantes.

**d)**

O rapaz aconchegou uma das folhas moribundas na palma da mão.

— É uma pena. — disse ele.

— Vejo que gostaria de se dedicar ao projeto de reabilitar esta magnífica estufa. — disse a agente imobiliária.

— Não é que me importasse.

**e)**

Sentiu as bochechas a aquecer, mas teve esperança de que não se notasse acima do rubor natural que já tinham.

**f)**

— Vou espreitar lá fora. — disse o puto das mãos sujas a agarrar o cabelo.

**4**

**a)**

Carlos e a mulher de branco olharam-se num misto de surpresa e medo. Tal como Josefina esperava.

**b)**

A mulher de cabelos negros tinha os seus olhos descaídos presos na cabeleira loura de Áurea. O homem olhava para a sua mulher e para a agente imobiliária com olhos nervosos.

**c)**

— Eu ia falar-vos sobre isto. — disse Áurea num tom banal.

— Um cemitério ao lado da casa! Então, ia deixar o melhor para o fim, era? Ou ainda tem mais alguma coisa para nos contar? — perguntou Josefina com um sorriso desafiante. Áurea desviou os olhos.

## 5

1) ver melhores dias (e)

2) acalmar os ânimos (f)

3) dar uma guinada (h)

4) travar a fundo (b)

5) ficar de queixo caído (c)

6) ter em mente (d)

7) recuperar a compostura (a)

## 6

1) dar um suspiro (f)

2) ter uma desilusão (g)

3) tomar iniciativa (c)

4) andar em bicos de pés (b)

5) fazer um brilharete (e)

6) abanar a cabeça (a)

7) perder tempo (d)

## 7

1) dar uma reviravolta (c)

2) encolher os ombros (f)

3) tomar notas (d)

4) levantar os espíritos (b)

5) desempenhar um papel (a)

6) perder o interesse (e)

## 8

apertado - apertar - o aperto

apoiado - apoiar - o apoio

assombrado - assombrar - a assombração

caído - cair - a queda

chegado - chegar - a chegada

cuidado - cuidar - o cuidado

curvado - curvar - a curva

distraído - distrair - a distração

dobrado - dobrar - a dobra

envolvido - envolver - o envolvimento

espantado - espantar - o espanto

espetado - espetar - o espeto

forçado - forçar - a força

interessado - interessar - o interesse

ouvido - ouvir - a audição

preocupado - preocupar - a preocupação

preparado - preparar - a preparação

vendido - vender - a venda

visitado - visitar - a visita

# 5

# ÁUDIO

Faz download do ficheiro de áudio em:
https://storyglot.com/cnb/

# SOBRE A AUTORA

Susana Morais é a criadora do Storyglot e da Portuguese Lab Academy.

**Storyglot**

O site Storyglot oferece histórias para aprendentes de português europeu como língua estrangeira.

Descobre outros livros em:
www.storyglot.com

**Portuguese Lab Academy**

A Academy é uma plataforma online onde podes aprender português europeu do conforto da tua casa. Oferece um programa que te leva do nível iniciante (A1) até ao nível intermédio (B2) através de vídeo, áudio e exercícios interativos que podes aceder quando quiseres. Podes aprender e praticar as diferentes áreas da língua (leitura, compreensão do oral, escrita, oralidade, gramática e pronúncia) de modo a poderes usar a língua com confiança em Portugal.

Descobre mais em:
www.portugueselabacademy.com

Made in the USA
Monee, IL
11 November 2026

68341115R00104